GOLDMANN
Lesen erleben

Buch

Was tun, wenn die Seele aus dem Gleichgewicht gerät? Der bekannte Arzt und Therapeut Ruediger Dahlke erklärt, welche Probleme sich hinter den Hilferufen der Seele verbergen können. Mit praktischen Ratschlägen bietet er schnelle Hilfe bei Angst, Kränkung, Stress, Burn-out, Trauer, Wut oder Enttäuschung. Durch heilende Übungen, schnell erlernbare Entspannungstechniken und geführte Meditationen lernen Sie, sich selbst bewusster wahrzunehmen, Neues über sich selbst zu erfahren und die richtigen Schritte in Richtung Heilung zu machen. So können Sie seelische Beschwerden schnell lindern und alte Verletzungen langfristig heilen, um das Leben anregender, erfolgreicher und schöner zu gestalten.

Autor

Dr. med. Ruediger Dahlke, Jahrgang 1951, studierte Medizin in München. Nach der Weiterbildung zum Arzt für Naturheilweisen und Psychotherapie arbeitete er von 1978 bis 2003 als Psychotherapeut. 1989 gründete er zusammen mit seiner Frau Margit das Heil-Kunde-Zentrum in Johanniskirchen. Heute ist Ruediger Dahlke als Fastenarzt, Seminarleiter und Vortragender international tätig. Seine Bücher zu einer ganzheitlichen Psychosomatik sind Bestseller und liegen in 22 Sprachen vor.
www.dahlke.at

Von Ruediger Dahlke außerdem im Programm:

Der Körper als Spiegel der Seele (17000)
Krankheit als Sprache der Seele (16240)
Lebenskrisen als Entwicklungschancen (16502)
Krankheit als Weg (16101)
Frauen-Heil-Kunde (15204)
Aggression als Chance (15416)
Herz(ens)probleme (33913)
Das Raucherbuch (21954)
Die Psychologie des Geldes (21953)
Das große Buch vom Fasten (21902)
Mandalas der Welt (22019)

Ruediger Dahlke

Die Notfallapotheke für die Seele

Heilende Übungen und Meditationen

GOLDMANN

Die Ratschläge in diesem Buch wurden vom Autor und vom Verlag sorgfältig erwogen und geprüft, dennoch kann eine Garantie nicht übernommen werden. Eine Haftung des Autors bzw. des Verlags und seiner Beauftragten für Personen-, Sach- und Vermögensschäden ist ausgeschlossen.

Für Anregungen und Diskussionen
danke ich Vera,
Margit, Christa und Gerald für ihre Korrekturen

MIX
Papier aus verantwortungsvollen Quellen
FSC® C014496

Verlagsgruppe Random House FSC® N001967
Das für dieses Buch verwendete FSC®-zertifizierte Papier *Classic 95*
liefert Stora Enso, Finnland.

7. Auflage
Vollständige Taschenbuchausgabe März 2009
Wilhelm Goldmann Verlag, München,
in der Verlagsgruppe Random House GmbH

Umschlaggestaltung: Design Team München
Umschlagmotiv: Plainpicture/Stockwerk
Redaktion: Sabine Jaenicke
Bildredaktion: Elisabeth Franz
Satz: Buch-Werkstatt GmbH, Bad Aibling
Druck und Bindung: GGP Media GmbH, Pößneck
MV · Herstellung: IH
Printed in Germany
ISBN 978-3-442-17021-0

www.goldmann-verlag.de

Inhalt

Einleitung

Die Notfallapotheke bringt einfache, schnell wirksame Hilfe, die eine grundlegende Therapie der Seele nicht ersetzen, aber doch dafür sorgen kann, dass das Lebensschiff nicht strandet. Die Übungen geben Vertrauen und vermitteln, wie viel man selbst für sich tun kann. Wer die Sprache des Körpers versteht und aufhört, ihn zu ignorieren und seine Hilferufe in Gestalt der Symptome mit Medikamenten »wegzudrücken«, kann über einfache Schritte ein tieferes und ungleich befriedigenderes Verhältnis zum eigenen Körperhaus finden. Die Vorschläge wollen Lust machen auf feine Wahrnehmungsübungen, Freude vermitteln, Neues über sich zu erfahren und Schritte in Richtung Heilung zu erleben. Langfristig sind einige der Vorschläge auch geeignet, die Lebensreise nachhaltig anregender, erfolgreicher und damit glücklicher und schöner zu gestalten.

So wäre die Notfallapotheke der Seele zugleich auch eine Reiseapotheke für die Lebensreise. Die hier gemachten Vorschläge zielen darauf, rasche Linderung zu schaffen, ohne späteren längerfristigen nachhaltigen Lösungen im Wege zu stehen, im Gegenteil könnten sie diese sogar vorbereiten.

Das Praktische an der Notfallapotheke ist, dass man immer schon alles Notwendige bei sich hat und nicht erst einkaufen gehen oder Spezialisten konsultieren muss. Unsere Seele hat alles zur Verfügung, um glücklich zu sein, wir müssten sie nur lassen und ihr ab und zu ein wenig helfend unter die Arme greifen. Dazu will dieses Buch beitragen. Bei den Meditationsübungen wäre ein guter Weg, sich gegenseitig zu unterstützen und die Texte vorzusprechen, oder man nutzt die zum Buch erschienene CD, um sich in eigener Regie auf noch bequemere Weise auf den Weg zu machen.

Eine Reise wie die durchs Leben setzt immer Bewegung voraus, und so hat bereits der Vorsokratiker Heraklit das Leben mit einem Fluss verglichen und davon gesprochen, dass alles fließt. Seinen Ausspruch »Panta rhei« entdecken heute – einige Tausend Jahre später – die Glücksforscher wieder und sprechen vom Flow oder Fluss. Wer in diesem Flowbereich mit dem Lebensfluss fließend unterwegs ist, fühlt sich wohl und glücklich. Er ist gefordert vom Leben, aber weder unter- noch überfordert. Überforderte erkranken im Sinne von Burn-out, Hochdruck, Herzinfarkt, Tinnitus usw., Unterforderte in Richtung Depression, Sinnlosigkeitsgefühle bis hin zu Selbstmordabsichten. Natürlich kann solch ein kleines Buch nicht die Lösung für schwere Depressionen und Suizidneigungen sein, da in solchen Fällen mehr als einfache Übungen nötig sind. Diesbezüglich sei auf Buch und CD »Depressionen – Wege aus der dunklen Nacht der Seele«[1] und auf die Schattentherapie[2] verwiesen.

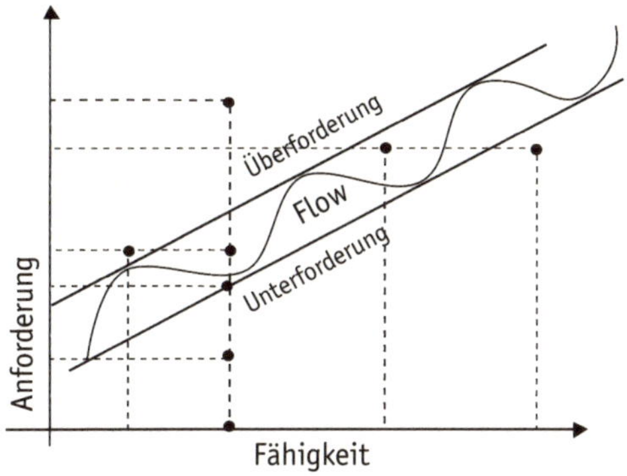

Sowohl oberhalb der Flowlinie (Überforderung), als auch unterhalb (Unterforderung), ist vor allem Unglück zu ernten. Dort, wo die Fähigkeiten mit den Anforderungen übereinstimmen und – im Idealfall – beide im Laufe des Lebens zunehmen, liegt das Glück. Der Volksmund braucht für diese inzwischen wissenschaftlich belegte Situation des Im-Fluss-Seins keine Studien, sondern weiß schon sehr lange und direkt: »Zu wenig und zu viel sind des Narren Ziel.« Die Mitte des Lebensflusses zu halten, wäre der Anspruch. Dabei können die Übungen und Meditationen zur Steigerung der Aufmerksamkeit behilflich sein.

---

1 Ruediger Dahlke: »Depressionen – Wege aus der dunklen Nacht der Seele«, München 2006

2 Gemeint ist die Schattentherapie, wie sie im Heil-Kunde-Zentrum in Johanniskirchen durchgeführt wird. Siehe Anhang

Wer sich gegen die Bewegung des Lebensflusses sträubt, läuft Gefahr, bereits in seinen Vierzigern zu sterben und dann doch erst mit achtzig begraben zu werden – eine besonders traurige Variante des Lebens, bei der Jahrzehnte verschenkt werden. Entscheidend für das Lebensglück ist, ob man im Fluss oder neudeutsch im Flow bleibt. Wer sich sein Fließen bewahrt und das Leben als eine Kette von Gelegenheiten erkennt, sich zu entwickeln und zu wachsen, hat alle Chancen, glücklich zu werden. Hierbei will die Notfallapotheke Hilfestellung leisten und festgefahrene Lebensschiffe mit überschaubaren Mitteln wieder flott machen.

Wenn das Leben eine Reise ist, wie uns viele Traditionen sagen, wäre es gut, sich entsprechend ausgerüstet auf diesen wichtigsten Weg zu machen. Da sollte auch eine kleine Apotheke für die Hauptperson der Reise, die Seele, nicht fehlen. Natürlich ist auch der Körper wichtig – wie Theresa von Avila, die spanische Heilige, sagte: »Lasst uns gut sein zum Körper, damit die Seele gern in ihm wohne.« Wer schon einmal auf einer Reise Probleme bekam, wird wissen, dass die Seele immer daran beteiligt ist. Entweder man ist unglücklich, weil etwas nicht so klappt, wie es sollte, der Partner nicht so nett und zugewandt ist wie erwartet, dann ist das Leid sowieso seelisch. Aber auch wenn man sich den Magen verdorben hat, ist zwar der Körper betroffen und zeigt Symptome, aber daran leiden wird vor allem die Seele – in Form von Niedergeschlagenheit und Traurigkeit. Man könnte allerdings auch mit einem verknacksten Fuß ganz glücklich sein, wie ich es einmal auf einer Kreuzfahrt bei einem wenig mutigen Teilnehmer erlebte, der sich insgeheim darüber freute, nicht mehr mit seiner Frau shoppen und spazieren gehen zu müssen, sondern endlich in Ruhe lesen zu können. Wenn wir leiden, ist immer auch die Seele beteiligt, weshalb sie während der gesamten Lebensreise unserer besonderen Aufmerksamkeit bedarf.

Wer eine Reise wie die Lebensreise tun will, sollte zwar alles Notwendige, aber auch nicht zu viel dabeihaben, vor allem keinen überflüssigen Ballast. Dass materielle Güter und Reichtum auf der Lebensreise zur Belastung werden können, steht schon in der Bibel, wo es heißt, eher käme ein Kamel durch ein Nadelöhr als ein Reicher in den Himmel. Das anstrengende Bewachen von Schätzen und die Angst, sie zu verlieren, sind belastend für die Seele. Ein kleines Gleichnis mag das deutlich machen. Ein Pilger hat die weite Reise auf sich genommen, um einen berühmten Weisen zu treffen. In dessen Zimmer ist er erstaunt über die spartanische Einrichtung von lediglich Tisch und Bett.

»Wieso haben Sie so wenig Möbel?«, fragte er. *»Sie haben doch noch weniger dabei!«*, entgegnete der Weise. *»Aber ich bin doch nur auf der Durchreise!«*, antwortete der Besucher. *»Sehen Sie, ich auch!«*, erwiderte der Weise.

Noch problematischer wird es, wenn die Seele im übertragenen Sinn belastet ist und Sorgen sie beschweren, etwa weil der Besitzer nachtragend ist. Befreiend wäre es, solchen Ballast auf der Reise abzuwerfen, damit die Seele leichter wandern kann. Kleinen und großen Feinden etwas nachzutragen, lohnt in keinem Fall. Viele Menschen tragen den Eltern einiges nach und geben ihnen die Schuld an der eigenen Lebensmisere. Doch wer seine Eltern ablehnt, lehnt immer auch sich selbst ab, und das macht keinen Sinn auf der Lebensreise. Unser kleines Ritual des Loslassens von all dem Ballast, den wir anderen nachtragen, kann die Seele und damit das ganze Leben enorm erleichtern.

Das Abbauen der Hindernisse ist die eine Hälfte, das Herstellen einer Affinität zu Glück die andere. Schon Epikur sagte: *»Nichts aufschieben, was Freude macht.«* Einige der ins Buch aufgenommenen Übungen wollen dieser bewährten Lebensphilosophie den Weg bereiten. Allein so einfache Methoden wie ein Mittagsschlaf oder eine kleine Essensänderung wie der tägliche Löffel Aminas-Rohkost können uns in eine so viel bessere Ausgangsposition bringen und das Leben dahingehend verändern, dass Notfällen schon im Vorfeld vorgebeugt wird[1]. Wer ausgeschlafener und wacher ist (durch Mittagsschlaf) oder wessen Grundstimmung besser ist (mittels erhöhten Serotoninspiegels durch Aminas), der wird in viele Probleme gar nicht erst hineinschliddern.

Beim Glück ist »nur« eine kleine, allerdings alles entscheidende Umwertung notwendig, um ihm sehr viel näher zu kommen. Viele Menschen im Westen verzichten auf

---

1 Siehe hierzu das Taschenbuch Ruediger Dahlke: »Die Leichtigkeit des Schwebens«, München 2002

Religion und Lebensphilosophie und rutschen unbewusst in die von der Konsumgesellschaft unterstützte Vorstellung, dass sich Glück wie von selbst einstellt, wenn man nur alles bekäme, was man will. Die Wirklichkeit des Glücks ist genau umgekehrt. Nur wer alles will, was er bekommt, wird glücklich. Die Hoffnung, alles zu bekommen, was man will, kann sich kaum erfüllen – auch nicht in der reichsten und materialistischsten aller Welten. Und selbst wenn diese Illusion wahr würde, weiß Oscar Wilde:

»Es gibt auf der Welt nur zwei Tragödien: eine, dass man nicht erhält, was man sich erwünscht, und die andere, dass man es erhält. Die zweite ist die wahre Tragödie.«

Wahres Glück hat vor allem mit der Lebenseinstellung zu tun.

Ähnlich verhält es sich mit der Dankbarkeit. Viele Menschen denken, sie würden sich schon dankbar erweisen, wenn sie endlich großes Glück fänden. Die Wirklichkeit aber zeigt, nur wer dankbar ist, wird vom Glück gefunden.

In diesem Sinne wünsche ich Ihnen nun gute Erfahrungen mit sich selbst und Freude auf Ihrem weiteren Lebensweg mit den kommenden Übungen. Da sie in gewisser Hinsicht aufeinander aufbauen, wäre es sinnvoll, der angegebenen Reihenfolge zu folgen. Ist der Zusammenhang erst einmal erfasst, können die Exerzitien auch einzeln benutzt werden.

Ihr Ruediger Dahlke

Angst

Aus der Enge in die Weite

Angst ist ein zunehmend an Bedeutung gewinnendes Symptom moderner Gesellschaften. Je enger die Lebensräume werden, desto rascher reagieren Menschen, aber auch Tiere mit Angst. In der fortgeschrittenen Industriegesellschaft im Zeichen der Globalisierung wird vieles enger, unsicherer, undurchschaubarer und bedrückender, und so nehmen Ängste bis hin zu Panikattacken erheblich zu.

Angst lässt den Atem stocken und macht ein enges Gefühl auf der Brust. Die Reaktion der meisten Menschen in solchen Situationen ist, sich zusammenzuziehen und noch enger zu werden, um den beängstigenden äußeren Bedrohungen möglichst wenig Angriffsfläche zu bieten. Wer sich aber in sich verkriecht und auf Enge setzt, fördert damit die Angst und verschlimmert sie noch drastisch. Alle Versuche, vor der Angst zu fliehen, steigern diese nur.

Das Gegenteil wäre sinnvoll, sich zu öffnen und mutig und weit auf die Angst zuzugehen und sie anzunehmen. Wenn man beginnt, »sie liebevoll zu umarmen wie eine

Mutter ihr weinendes Kind, dann beginnt man sie zu wandeln«, sagt der vietnamesische Buddhist Thich Nhât Hanh. In weiter Offenheit löst sich Angst auf wie Finsternis im Licht. Der Finsternis Widerstand zu leisten ist wenig sinnvoll, die Lösung liegt im Anzünden eines Lichtes. Angst zu bekämpfen ist ähnlich ungeschickt. Auch hier wäre es so viel besser, für Weite und Offenheit zu sorgen. Wie aber kann das geschehen? Es gibt eine sehr einfache und wirksame Methode.

Bewusst lächeln

Jeder hat schon erlebt, dass das eigene Lächeln dem Gegenüber die Angst nimmt. Deshalb lächeln wir Babys und kleine Kinder spontan an, aber auch Fremde, denen wir wohlgesinnt sind. Diese im Gesicht ausgedrückte Freundlichkeit wirkt wie ein Bumerang, sie kommt spontan zurück. Ein lächelndes Gesicht drückt Weite und Offenheit aus und löst sie auch im Gegenüber aus, dessen natürliche Reaktion ein Antwortlächeln ist. Auf diese Weise bringen wir andere Menschen mit uns in Resonanz, auf dass sie sich für uns weiten und öffnen und mit uns schwingen. Nichts vertreibt Angst so leicht und angenehm.

Die anzustrebende Kunst wäre nun, in sich selbst Resonanz zu Weite und Offenheit herzustellen. Die diesbezüglich einfachste Methode ist das eigene Lächeln.

Das Lächeln spüren

- Schließen Sie, gleich nachdem Sie diese Sätze gelesen haben, für einen Moment die Augen.
- Erinnern Sie sich an eine Situation, in der es Ihnen so gut ging, Sie so glücklich waren, dass Ihnen zum Lächeln zumute war. Nehmen Sie einfach die erstbeste, die Ihnen spontan einfällt.
- Und wenn Ihnen spontan keine einfällt, stellen Sie sich einfach eine vor. Wie würde es sich denn anfühlen, wenn Sie rundum glücklich wären und ein Lächeln aus der Tiefe Ihrer Augen aufsteigen würde? Schon jetzt sofort oder gleich werden Sie erleben, wie sich Ihr Gesicht ein wenig verwandelt, wenn Sie sich vorstellen, wie sich Ihre Augäpfel von innen heraus mit Lächeln füllen. Es mag sein, dass sich das ganze Gesicht dadurch nicht nur weicher, sondern auch etwas wärmer oder einfach schon offener und weiter und jedenfalls bewusster anfühlt.
- Stellen Sie sich das Lächeln wirklich vor, spüren Sie, wie es sich anfühlt.
- Machen Sie die Augen dann wieder auf, bewahren Ihr Lächeln in sich und erleben vielleicht besonders um die Augen herum, wie die Energie des Lächelns etwas in Ihrem Gesicht verändert, es sich irgendwie weicher und sanfter anfühlt.

Wenn Sie dieses innere Lächeln üben – Gelegenheiten dafür gibt es unzählige während eines ganz normalen Tages –, werden Sie erleben, wie es Ihnen in Angstsituationen immer rascher zur Verfügung steht. Wichtig ist dabei, dass Sie es ganz bewusst von den Augen ausgehen lassen. Nur dieses Lächeln hat die bezaubernden Eigenschaften im Hinblick auf Ängste. Während Sie mit lieben Menschen zusammen sind, ist es eigentlich sogar ganz natürlich zu lächeln. Stellen Sie sich ab jetzt darauf ein, immer wieder ein solches Lächeln von den Augen ausgehen zu lassen. Dazu brauchen Sie nur »Lächeln« zu denken und zugleich an Ihre Augäpfel, und schon werden diese beiden wundervollen Mandala-Kugeln die Botschaft des Lächelns spüren und in Zukunft auch vermehrt ausstrahlen.

Irgendwann werden Sie durch strahlende Augen auffallen.

Die Angst »weglächeln«

- Verbinden Sie sich in Gedanken mit dem Lächeln.
- Denken Sie zugleich mit dem Lächeln an Ihre Augen, die sich dabei weiten und öffnen und die Angst sozusagen willkommen heißen.
- Erleben Sie, dass die Angst das gar nicht mag und statt Ihnen – wie gewohnt – im Nacken zu sitzen, selbst die Flucht ergreift. Es ist eigentlich nur ein Rollentausch.

Dann werden die Ängste schon längst ihre Macht über Sie verloren haben.

Probieren Sie es aus: Angst und lächelnde Augen gehen nicht zusammen, sie meiden sich wie Haifische und Delphine. Je häufiger Sie also das Lächeln bemühen, desto leichter wird es Ihnen einerseits fallen, und andererseits wird die Angst immer weniger Chancen erhalten, spontan in Ihr Leben einzufallen.

Der Angst aktiv begegnen

Mit diesem (Augen-)Lächeln im seelischen Reisegepäck können Sie natürlich auch jeder aufsteigenden Angst aktiv begegnen.

Die Angst ergründen

Anstatt wie bisher vor der Angst in Gedanken zu fliehen, drehen Sie nun den Spieß um. Sogleich wird sich auch die Angstqualität umkehren: Statt Sie zu verfolgen, wird die Angst weichen, und Sie sollten sich einen lächelnden Spaß daraus machen, ihr nun Ihrerseits zu folgen. Versuchen Sie bewusst, Ihre Angst in den tiefsten Winkeln Ihrer Seele aufzuspüren. Diese Angst, die sich in den letzten Ecken Ihrer Psyche verkrochen hat, ist natürlich keine mächtige drohende Kraft mehr, sondern ein eher klägliches Gespenst und nur noch ein Schatten ihrer selbst.

Begegnen Sie auch diesen Resten mit lächelnder Offenheit. Gehen Sie auf sie zu, um zu erleben, wie auch diese letzten Angstspuren sich noch in der Weite Ihrer Bewusstheit lösen, während Sie an Mut und Kraft gewinnen.

Wenn die Ängste im wahrsten Sinne des Wortes verfallen, büßen sie dabei natürlich all ihre Kraft und Bedrohlichkeit ein.

Sie werden vielleicht sogar in dieser Zerfallsphase der Ängste noch erkennen, was deren eigentliches Thema war. So wird die Angst vor Enge mit der Urenge im Geburtskanal zusammenhängen, die Angst vor Schlangen mit den eigenen unbewussten Verführungsabsichten und die vor Spinnen mit nicht bewusster Hinterhältigkeit usw. Die einzelnen Arten der Angst sind in »Krankheit als Symbol« gedeutet. Das Programm »Angstfrei leben« (CD und kleines Buch) kann helfen, auch mit bedrohlichen Ängsten auf die beschriebene Weise fertig zu werden.

Der Angst eine feste Zeit geben

Gut wäre noch, wenn Sie zu Anfang sich und Ihrer Angst jeden Tag eine feste Zeit von wenigstens einer Viertelstunde einräumen würden, sodass die Angst wirklich nicht zu kurz kommt. Früher konnte sie sich ständig überall in Ihr Leben hineindrängeln, und jetzt bekommt sie eine feste Zeit, in der sie die Hauptrolle spielt. Das hat zwei Vorteile. Zum einen wird der übrige Tag von der Angst entlastet, zum anderen haben Sie damit Ihre eigene kleine Psychotherapie-Stunde, in der die Angst bekommt, was sie will, nämlich Aufmerksamkeit – allerdings nach neuen Bedingungen. Sie werden erleben, wie schwierig und aufwendig es mit diesem Szenario wird, jene Angst, die früher Ihr Leben tyrannisierte, überhaupt zu Gesicht zu bekommen.

Aktive Begegnung statt Flucht ist die entscheidende Devise. Obwohl diese Einstellungsänderung auf den ersten Blick so gering ist, wird der kleine Unterschied alles verändern. Die Angst verliert sofort ihre beherrschende Rolle und wird von der Verfolgerin zur Verfolgten und zum Objekt Ihres Interesses. Sie aber werden vom Opfer zum Jäger und Psychotherapeuten in eigener Regie. Sie bestimmen nun, was wann geschieht, und wenn sich die Angst heute nicht zeigt, vielleicht morgen – in jedem Fall hatten Sie eine schöne Zeit des inneren Lächelns. Noch einfacher ist es, sich diese Zeit von einer »geführten Meditation«[1] zum Thema vorgeben zu lassen.

Diese tägliche Meditation ist eine wunderbare Übung, um sich selbst besser kennenzulernen und von der Angst nicht mehr unerwartet überwältigt zu werden. Wenn die

1 Ruediger Dahlke: CD, »Angstfrei leben«, München 7. Aufl. 2002

Geführte Meditation

- Setzen Sie sich auf einen Stuhl oder auf ein Kissen am Boden, oder legen Sie sich hin.
- Achten Sie – sitzend – darauf, dass Ihr Rücken gerade ist, das Kinn leicht nach hinten geschoben.
- Alles Gewicht sollte an den Stuhl oder den Boden abgegeben werden. Nur der Kopf wäre aktiv zu balancieren in einer Mittelposition – zwischen Hochnäsigkeit, wenn er in den Nacken geworfen wird, und Hartnäckigkeit, wenn Sie ihn hängen lassen.
- Die Handflächen ruhen geöffnet auf den Oberschenkeln oder liegen entspannt ineinander.
- Schließen Sie nun die Augen.
- Nutzen Sie jetzt intensiv Ihren Atem, und spüren Sie den Unterschied zwischen Ein- und Ausatem – was macht der Einatem mit Ihnen und was der Ausatem? Machen Sie einmal einen ganz bewussten Einatem-Seufzer wie vor einer großen wichtigen Prüfung und spüren Sie dabei, wie der Einatem Sie füllt und auch ein wenig unter Druck setzt.
- Stellen Sie sich nun vor, Sie hätten die Prüfung – wie auch immer – aber hinter sich gebracht, sind froh und machen einen ganz bewussten Ausatemseufzer. Nun werden Sie spüren, wie Sie beim Ausatmen loslassen können. Und das machen Sie jetzt einfach mit jedem

weiteren Ausatemzug. So sinken Sie Atemzug für Atemzug immer tiefer in die Entspannung.

- Vergegenwärtigen Sie sich nun eine Situation, die Ihnen Angst bereitet hat. Nehmen Sie gleich den ersten aufsteigenden Gedanken wahr und wichtig und folgen dann allen weiteren auftauchenden Gedankenbildern, bis die Szene wirklich Gestalt vor Ihrem inneren Auge annimmt.
- Spüren Sie, wo die Angst in Ihrem Körper sitzt? Wie fühlt sie sich dort an? Erlauben Sie ihr, so zu sein, wie sie will, und gehen ganz in der Wahrnehmung auf. Wenn Sie merken, dass sich die Angst gar nicht zeigen will, folgen Sie ihr – erinnern Sie sich, wie sie sich angefühlt hat, als sie noch in der Rolle der Verfolgerin war. Geben Sie ihr alle Chancen, laden Sie sie ein, und Sie werden merken, wie die Angst sich ziert.
- Lenken Sie Ihre ganze Aufmerksamkeit in die Körperregion, wo Sie die Angst am besten wahrnehmen können, und schenken Sie ihr Ihre ganze Aufmerksamkeit.
- Tun Sie es so lange, wie Sie die Angst wirklich spüren können – bleiben Sie in dieser Empfindung und halten der Angst und Enge bewusst stand, bis Sie spüren, wie sie sich Ihrer inneren Weite ergibt und sich in Ihnen etwas öffnet.
- Vielleicht spüren Sie sogar, wie sich die Enge in Ihnen verwandelt, sich ein Knoten löst und Ihr Brustraum

freier wird ... Was auch immer geschieht, nehmen Sie es an und heißen es willkommen.
- Beenden Sie die Meditation ganz allmählich, indem Sie sich wieder ganz bewusst mit Ihrem Atem verbinden und ausatmend loslassen, was Sie nun nicht mehr brauchen – einatmend aber hereinholen, was Ihnen jetzt wichtig ist.
- Stellen Sie sich nun vor, wie Sie den freien Raum, der sich durch das Lösen der Angst und der Knoten gebildet hat, mit neuer Energie füllen. Nach einigen bewussten Atemzügen können Sie anfangen sich – noch bei geschlossenen Augen – zu räkeln, zu dehnen und zu strecken.
- Und erst danach öffnen Sie wieder die Augen und orientieren sich ganz bewusst in Raum und Zeit.

Angst versucht, außerplanmäßig wie früher aufzutauchen und sich in Ihr Leben einzumischen, gehen Sie zuerst zu Ihrem Lächeln in die Augen, und aus diesem Gefühl verweisen Sie die Angst einfach ganz liebevoll, aber auch bestimmt auf den Zeitpunkt, der ab jetzt ihr gehört.

Dort wird die Angst sich dann vielleicht nicht zeigen wollen, doch das macht nichts, dann üben Sie in dieser Zeit, einfach nur zur Ruhe zu kommen und die Angst zu suchen. Diesen kleinen Machtkampf müssen und können Sie gewinnen. Die Angst darf und soll sich sogar zeigen, aber nur noch zu Ihren Bedingungen und in dem dafür reservierten Zeitfenster.

Wenn Sie diesem Regime einige Zeit gefolgt sind, wird es schließlich sogar möglich, Situationen bewusst aufzusuchen, die früher sicher Angst auslösten. Wenn Sie das mit der neuen Offenheit und inneren Weite tun, wird sich möglicherweise nicht einmal hier die Angst noch stellen.

Dann genießen Sie einfach Ihren Mut und nutzen die Gelegenheit, sich an der neuen Offenheit und Weite zu freuen und ein wenig mit der Angst zu spielen.

Wenn Sie sogar noch an den Ängsten wachsen wollen und wesentliche Lebensthemen an ihnen herausfinden wollen, können Sie sich mit dem Programm »Angstfrei leben«[1] auf den Weg machen. Bei Ängsten wie Flug-, Existenz- oder Prüfungsangst wäre es gut, mit derselben Methode zu arbeiten. In »Krankheit als Symbol« ließe sich der speziellen Bedeutung der verschiedenen Angstformen nachgehen.

1 Ruediger Dahlke: CD, »Angstfrei leben«, München 7. Aufl. 2002

Essen gegen Angst?

Eine längerfristig wirkungsvolle Maßnahme gegen Angst ist die Ernährungsumstellung. Wenn wir betrachten, wie sehr Ängste zunehmen in Zeiten, die äußerlich alles immer angstfreier gestalten, könnte man sich auf die Suche nach der unentdeckten Angstquelle machen. Enorme Summen fließen heute in Sicherheitsmaßnahmen, und ohne Zweifel wurden die Arbeits- und Spielplätze, die Wege und die Autos in den letzten Jahrzehnten immer sicherer. Trotzdem nehmen Panikattacken und Angstsyndrome lawinenartig zu. Warum steigen etwa in Zeiten, die die Menschen immer reicher und älter werden lassen, Existenz- und Krankheitsängste an? Was könnte der Grund sein für eine Zunahme an Panikattacken, wo wir doch die Natur mit ihrem alten Gott Pan fast ganz besiegt und jedenfalls völlig domestiziert haben?

Mit dem zunehmenden Reichtum hat sich vieles geändert. Wir essen heute zum Beispiel alle wie die Könige, das heißt täglich Fleisch und in beliebig großen Mengen. Wer einmal einen Schlachthof besucht, erlebt, wie die Tiere in Todesangst und -panik ihren eigenen Tod durchleiden. Ein Kalb muss miterleben, wie Dutzende von Artgenossen vor ihm unters Messer kommen. Tiere spüren und erleben im Übrigen viel mehr die Atmosphäre als Menschen der Moderne. Sie sind oft auf elenden Transporten lange gequält worden, bis sie in der für sie spürbaren Blutlohe des Schlachthofes landen. Sie werden alle überhaupt verfügbaren Stresshormone ausschütten. Diese landen im Fleisch und werden von den Fleischessern mit verspeist. Wer täglich und regelmäßig Fleisch isst, bekommt auf diesem Weg eine enorme Stresshormonmenge mit. Wir essen gleichsam Angst und Panik mit dem Fleisch.

Die Lösung bestünde in einer artgerechten Ernährung. Der Mensch ist gar nicht als Fleischesser gedacht, sondern – nach seinem Gebiss und Gedärm – ein Allesfresser, der sich überwiegend von Pflanzen ernähren müsste. Wer den Fleischkonsum drastisch reduziert oder wenigstens Fleisch durch Fisch ersetzt, kann die Angst in seinem Leben gehörig reduzieren.

Auch Fische sterben in modernen Zeiten erbärmliche Tode, doch sind sie uns vom Stammbaum her fremder, und es scheint, als wirkten ihre Stresshormone deshalb bei uns nicht vergleichbar.

Essen für gute Stimmung

Weltweit wollen Menschen glücklicher werden. Fünfzig Millionen US-Amerikaner nehmen deshalb Prozac, ein Antidepressivum aus der Klasse der Serotonin-Wiederaufnahme-Hemmer, um so ihren Serotoninspiegel zu erhöhen. Disco-Kids schwören aus demselben Grund auf Ecstasy. Serotonin, auch »Glückshormon« genannt, steckt auch hinter der Lust auf Schokolade und Bananen. Aber weder Drogen noch Schokolade sind die Lösung.

Serotonin wird vom Organismus aus der Aminosäure Tryptophan hergestellt. Aminosäuren sind die Grundstoffe unseres Eiweiß. Wer nun versucht, durch Fleischessen glücklich zu werden, erreicht eher das Gegenteil aus den gerade beschriebenen Gründen. Auch die Einnahme von Tryptophan bringt eher wenig. Am besten ist noch Ausdauersport bei Rohkosternährung. Durch »Zufall« löste ein Notar das Geheimnis. Er hatte in China einen Appetitzügler gekauft, der seine Stimmung verbesserte. Die Analyse dieses Präparates brachte den Durchbruch. Die Kombination der Pflanzen Topinambur, Amaranth und Quinoa erzielte verblüffend »stimmungsvolle« Ergebnisse und ist inzwischen als »Take me« käuflich.

Der Trick dabei ist einfach. Tryptophan aus der Nahrung gelangt meist gar nicht ins Gehirn, weil es auf dem Weg dorthin in Konkurrenz mit anderen Aminosäuren den Kürzeren zieht. Nimmt man jedoch zusätzlich etwas Kohlenhydrat zu sich, wird Insulin ausgeschüttet und schafft die Aminosäuren in die Muskeln – alle außer Tryptophan. Das ist so plötzlich konkurrenzlos am Übergang ins Gehirn. Ähnlich lässt Ausdauersport mit dem Serotoninspiegel im Gehirn auch die Stimmung steigen.

Der Weg aus Angst und Panik und hin zu beglückendem Essen ist einfach: ein Esslöffel »Take me«-Rohkost nüchtern, viel nachtrinken und einige Zeit nichts essen. Seit einem

Jahr esse ich auf diese Weise weniger, gesünder und bin besserer Stimmung. Die Erfahrung hat gezeigt, dass diese einfache Mischung nicht nur bei Ängsten, sondern auch bei Burn-out und sogar Depressionen erstaunliche Verbesserungen bewirken kann und obendrein der Haut nützt.

Info: **www.heilkundeinstitut.at**

Herzeleid

Offenheit kultivieren

Begegnungen von Herz zu Herz machen vieles leichter. Insofern ist das Lächeln des Herzens eine bewährte Methode gegen chronisches Misstrauen, gegen Missgunst und Eifersucht und hat ganz besonders wundervolle Auswirkungen bei vielen anderen seelischen und psychosomatischen Problemen, als da wären Herzensbeklemmung, Herzstiche, Bluthochdruck, Atembeschwerden, Unruhezustände, Nervosität, Schweißneigung, Kopfschmerzen, vegetative Dystonien … Wer gelernt hat, ein Lächeln in den Augen zu kultivieren, kann es von dort auch leicht ins Herz denken.

Das Lächeln des Herzens bringt eine bezaubernde Offenheit mit sich, die sich warm und weich in der Brustmitte anfühlt und Sie vielen Herausforderungen gegenüber gelassener und ruhiger werden lässt.

Wenn das Herz auf seine ganz eigene eben auf die herzliche Art und Weise seines Besitzers lächeln lernt, wird im Leben vieles leichter. Wer mit wachem, lebendigem Herz-

Das Lächeln des Herzens

- Schließen Sie die Augen; und versuchen Sie, von innen heraus mit Ihren Augen zu lächeln.
- Schicken Sie nun dieses Lächeln zu Ihrem Herzen. Denken Sie einfach, während Sie lächeln, an Ihr Herz und stellen sich vor, wie es sich öffnet.
- Fühlen und erleben Sie, wie sich Ihre Herzgegend entspannt und weitet.
- Atmen Sie ruhig und fließend, und stellen Sie sich vor, wie sich Ihr Herz immer weiter öffnen kann und dabei vielleicht schon jetzt oder gleich Wärme und ein gewisses Gefühl von Weichheit und Grenzenlosigkeit erfährt.
- Beenden Sie Ihre kleine Übung und tragen Sie Ihre weite Offenheit mit in den Tag.
- Versuchen Sie immer wieder auch zwischendurch, zunächst Ihre Augen und dann Ihr Herz lächeln zu lassen.

gefühl im Leben unterwegs ist, kann viele Fehler und damit auch einiges Leid vermeiden. Außerdem wird er von anderen Menschen kaum je als Feind empfunden, sondern, sich selbst und seinem Herzen so nahe, auch anderen von Herz zu Herz begegnen können, was praktisch allen Menschen, sogar nachhaltig verbiesterten, angenehm ist.

Wessen Nähe aber gesucht wird, der kommt – im wahrsten Sinne des Wortes – gut an.

Herzkohärenz

Ein lächelndes Herz (er-)lebt, was die moderne Wissenschaft Herzkohärenz nennt. Es schlägt seinen ureigenen lebendigen Rhythmus. Wir wissen heute, dass Herzen, die in einen Takt fallen, nicht mehr lange zu leben haben. Takt entspricht dem Tod, Rhythmus dem Leben. Eine Erkenntnis, die uralt ist. Rudolf Steiner sagte bereits, alles Leben ist Rhythmus. Lange vor ihm hatte Heraklit sein »Panta rhei«, alles fließt, formuliert. Ram Dass, der vormalige Harvard-Professor Richard Alpert, prägte den Slogan: »Alles Leben ist Tanz.« Die moderne Quantenphysik weiß: »Alles ist Schwingung.«

Wer sein Herz oft im lächelnden Rhythmus des Lebens schlagen lässt, hält es nicht nur lange gesund, er wird auch seinen eigenen Herzensangelegenheiten gegenüber offener sein, seine Herzensthemen besser bewältigen und vor Herz(ens)-problemen besser geschützt sein. Herznotfällen beugt er im eigentlichen Sinn des Wortes vor. Ein offenes lächelndes Herz neigt nicht zur physischen Erweiterung im Sinne der Herzinsuffizienz, sondern strahlt eine Freundlichkeit und Herzenswärme aus, die andere Herzen gewinnt und der Enge von Ängsten vorbeugt.

Das Einsatzgebiet bewusster lächelnder Herzkohärenz reicht von Herzängsten (Herzphobien) bis zu Rhythmusstörungen wie Herzrasen und -stolpern.

Kränkungen

In Resonanz kommen

Dass Kränkung krank macht, sagt schon das Wort. Heute ist absichtliches Kränken zu einer Art Volkssport und -seuche geworden und wird neudeutsch Mobbing genannt. Dabei ist die Unsitte alt und wird schon in der Bibel von Christus hart gegeißelt. Wer zu seinem Nächsten nur »Du Schelm« sagt, mache sich schon schuldig. Menschen, die sich gegen spitze Bemerkungen, scharfe Zungen, schneidende zwischenmenschliche Kälte, alle möglichen Arten der Schärfe und verschiedenste Spitzen zu wappnen haben, wollen sich natürlich schützen. Vielleicht legen sie sich ein dickes Fell zu, eine Elefantenhaut. Doch selbst diese ist in Wahrheit noch sehr sensibel, und scharfe Spitzen werden sie durchdringen.

Folgendes hat sich bewährt:

Doppelstrategie

1. Zum Verarbeiten alter Verletzungen und Kränkungen der Vergangenheit empfiehlt sich die im nächsten Abschnitt besprochene Methode des Wiedererlebens und Verarbeitens mithilfe sanfter Augenbewegungen (siehe Seite 44 f.).
2. Um sich in Zukunft vor weiteren Kränkungen zu schützen, gibt es eine geniale Möglichkeit, die allerdings auf den ersten Blick nicht annähernd so überzeugend wirkt, wie sie wirkt, wenn man sie wirklich anwendet.
   Dabei geht es darum, sicherzustellen, dass man selbst niemanden kränkt. Mit der Zeit kann einen dann auch niemand mehr kränken. Das hat mit dem Resonanzgesetz zu tun und funktioniert sehr sicher. Wie bei so vielen wunderbaren Verfahren muss man nur eine Vorleistung bringen. Man muss erst einmal anfangen, obwohl die anderen noch munter fortfahren mit dem üblen Spiel. Und es ist sicherlich nicht leicht, keinerlei üble Nachrede mehr zu führen, nicht einmal gegen diejenigen, die sich einem gegenüber unfair oder kränkend verhalten haben und es vielleicht sogar immer noch tun.
   Die östliche Tradition empfiehlt diesbezüglich, sich Wächter an die Sinnespforten zu stellen, damit diese streng bewachen, was herein-, vor allem aber auch, was hinauswill. Wer an seinem Mund einen strengen, konsequenten und kompromisslosen Wächter postiert, kann da-

von ausgehen, dass allmählich die Außenwelt die Macht verliert, ihn zu kränken. Das wird dauern, doch der Erfolg ist umso sicherer. Vielleicht muss man dabei manches Mal nach der christlichen Devise verfahren: »Wenn dich jemand auf die linke Wange schlägt, halte ihm auch die rechte hin.« Das ist schwer und kostet natürlich viel Überwindung, aber andererseits wird es – für moderne Zeitgenossen – überraschend reich belohnt.

Nach dem Resonanz-Gesetz ist eines sicher: Wer nicht kränkt, wird auch nicht gekränkt werden, wer nicht ratscht, wird nicht Ziel von Ratsch werden. Wer in sich Stille schafft, wird irgendwann auch außen Stille erreichen.

Schock und Traumata

Tiefe seelische Wunden heilen

Im Umgang mit schrecklichen Erfahrungen gibt es eine ebenso einfache wie überaus wirksame Methode, die – gemessen an aufwendigen Psychotherapie-Konzepten – auf fast banale Art und Weise Erleichterung bringen und helfen kann, auch schwere Traumata kurzfristig zu überwinden. Dabei stehen ebenfalls die Augen im Mittelpunkt.

Die wandernden Augenbewegungen entsprechen denen in den Traum- oder REM-Phasen (rapid eye movement = schnelle Augenbewegung). Die REM-Phasen sind die Zeiten seelischer Verarbeitung in der Nacht, wie die Schlafforschung inzwischen weiß. Fallen solche Phasen über lange Zeit aus, zum Beispiel weil das neugeborene Kind die Mutter nicht länger als anderthalb Stunden schlafen lässt oder weil die wachsende Prostata den älteren Herrn in ähnlich kurzen Intervallen des Nachts auf die Toilette treibt, kann es zu psychotischen Entgleisungen kommen, weil die Seelenbilder nicht mehr ausreichend verarbeitet werden kön-

Das sanfte Augenbewegen

Der praktische Ablauf ist wieder äußerst einfach.

- Setzen oder legen Sie sich hin, vielleicht mit meditativer Musik im Hintergrund.
- Schließen Sie die Augen.
- Beginnen Sie wieder, Ihre Augen von innen heraus lächeln zu lassen.
- Lassen Sie dann die Augäpfel hinter geschlossenen Augenlidern hin und her wandern. Die Bewegung führt von links nach rechts und von rechts nach links, immer wieder hin und her. Versuchen Sie, die Augenbewegungen ruhig und unaufhörlich, aber keineswegs fahrig oder gehetzt zu machen. Stellen Sie sich einfach vor, die Augen wanderten ruhig und bestimmt und in jedem Moment lächelnd und wach von Seite zu Seite und verbinden so die beiden Seiten Ihres Wesens, die weibliche und die männliche oder Yin und Yang.
- Konzentrieren Sie sich auf die Augenbewegung, und achten Sie darauf, dass Sie dabei keinesfalls die Luft anhalten, sondern entspannt lächeln.
- Erinnern Sie sich nun an das traumatische Geschehen, an den Anfang der belastenden Situation, um sie Episode für Episode vor dem inneren Auge Revue passieren zu lassen. Gleichgültig wie unangenehm das ursprüngliche Trauma war und immer noch sein mag, kann es in

diesem simplen Szenario sogleich beim ersten Erleben schon entscheidend entschärft werden.

- Bewegen Sie die Augen kontinuierlich weiter hin und her, und vergessen Sie das Lächeln nicht.
- Durchleben Sie so das ganze traumatische Geschehen noch einmal Gedanke für Gedanke und Bild für Bild – diesmal aber unter dem Schutz der sanften Augenbewegungen, die das Schreckliche der Erfahrung auf weiche Art wegnehmen, ohne es wegzudrängen.
- Wer merkt, dass er die Augenbewegungen oder das Lächeln zeitweilig aus dem Bewusstsein verloren und unbewusst beendet hat, fängt einfach wieder von vorn an.
- Mit den sanften Augenbewegungen hilft der Körper der Seele, selbst mit heftigen Problemen und tiefen seelischen Wunden fertig zu werden, und das ganz ohne Verdrängung.
- Nehmen Sie sich im Anschluss noch ein paar Minuten Zeit, einfach still zu atmen.
- Falls das Unbehagen nochmals auftaucht, kann die Übung beliebig wiederholt werden, solange bis Ruhe eintritt und ein Wieder-Erinnern ohne Missbehagen möglich ist.
- Diese Methode kann längere Zeit nach einer Verletzung oder aber auch sofort im Anschluss daran genutzt werden. Letzteres wäre natürlich sinnvoller und bringt auch rascher Erleichterung.

nen. Man spricht dann von Stillpsychosen und Alterspsychosen.

Etwas ganz Ähnliches passiert im Schlaflabor, wenn man Versuchspersonen alle anderthalb Stunden beziehungsweise zu Beginn der jeweiligen REM-Phase weckt und anschließend weiterschlafen lässt.

Auf diese Weise erreichen sie trotzdem fast ihre normale Schlafzeit, fühlen sich jedoch morgens wie gerädert. Nach einigen Tagen fangen sie an, mit offenen Augen innere Traumbilder zu sehen, was schon als optische Halluzination gilt. Das zeigt den enormen Druck hinter den Traum- beziehungsweise Seelenbildern und wie wirksam und wichtig sie sind, um die Seele gesund zu halten.

Die wandernden Augenbewegungen, die man früher nur für eine belanglose Begleiterscheinung hielt, sind dabei von entscheidender Wichtigkeit. Auf diese einfache Art hilft der Körper der Seele offenbar sehr nachhaltig, selbst mit heftigen Problemen und tiefen seelischen Wunden fertig zu werden, und das ganz ohne Verdrängung.

Wenn dazu noch das Lächeln kommt und damit die entsprechende Offenheit, ist der Vorgang noch angenehmer und das Ergebnis überzeugender. Die sanften Augenbewegungen wischen gleichsam all das Belastende, Unangenehme weg und befreien auf diese genial einfache Weise die Seele vom entsprechenden Druck. Trotzdem wäre es noch besser und bliebe einer Therapie vorbehalten, den Hintergrund zu verstehen und zu erkennen, warum diese Erfahrung uns so belasten konnte und wie sie in unser jeweiliges Muster passt.

Wichtig ist beim sanften Beiseite-Schieben mit Augenhilfe allerdings das nochmalige Durchleben der ursprünglichen traumatisierenden Erfahrung. Nur so kann das Problem tatsächlich verarbeitet werden und aufhören, die Seele weiterhin in Bedrängnis zu bringen.

Der Charme des ersten aufsteigenden Gedankenimpulses

Ein Erinnern des Traumas reicht leider nicht, die Situation muss tatsächlich nochmals erlebt werden, was aber mithilfe der inneren Seelenbilderwelten ziemlich einfach ist.

Man blendet zum Beginn der Situation und folgt dem jeweils aufsteigenden ersten Gedanken und dann dem nächsten und so fort durch die ganze Geschichte. Dem Geheimnis des ersten Gedankens oder Impulses werden wir uns später noch ausführlich zuwenden.

Natürlich wird es Angst machen, dem ursprünglichen Problem nochmals bewusst ins Auge zu schauen. Doch genau darauf kommt es an, und darin liegt die Lösung – ähnlich wie es bei der Angstbewältigung darauf ankam, standzuhalten. Auch wenn der Fluchtgedanke subjektiv näherliegt, die Lösung kommt über die bewusste Konfrontation und damit über jene Offenheit und Weite, die schon der Angst ihre Macht genommen haben. Insofern ist es ideal, beide Ansätze, das innere Lächeln und das Augenwandern, zu kombinieren und in der relativen Angstfreiheit des Lächelns das ursprüngliche Trauma, wie verletzend es auch gewesen sein mag, in Gedanken wieder aufsteigen zu lassen und es mit lächelnden und wandernden Augen zu verarbeiten.

Wer diese Methode der lächelnd wandernden Augen erst spät im Leben entdeckt, könnte sich zuerst einmal an die jüngst zurückliegenden Traumata heranmachen und dann immer weiter im Leben zurückwandern bis zu den eigenen Anfängen. So lässt sich das ganze Leben auf der Trauma-Ebene ganz leicht aufräumen und in Ordnung bringen.

Medikamententipp

Zusätzlich bieten sich bei plötzlich hereinbrechenden Schockerlebnissen zwei natürliche und nebenwirkungsfreie Medikamente an, nämlich Rescue Remedy aus dem Bereich der Bachblüten, die es als Kügelchen (Globuli), Spray, als Salbe, Tropfen und inzwischen sogar schon als Bonbons gibt, und das homöopathische Mittel Aconitum, als D30 ebenfalls als Kügelchen, Tropfen oder Tabletten.

Geht der Schock auf Liebeskummer, auf Verlassenwerden und Trennung zurück, wäre ebenfalls an die Rescue-Tropfen zu denken und homöopathisch an Ignatia D 30. Das entspricht zwar nicht wirklich der klassischen Homöopathie, hat sich aber oft bewährt.

Nervosität, Unruhe und Aufregung

Tief entspannen

Für solche Zustände gibt es eine sehr wirksame Übung, die die Überspannung des Organismus in das Gegenteil, nämlich in tiefe Entspannung verwandelt. Anstatt sich abzulenken und über die angespannte Lage hinwegzugehen, spürt man gerade zur Unruhe und Nervosität hin und erlebt ganz bewusst, was so alles im Organismus los ist. Jede kleine Bewegung und Regung im Innern wird einfach mit Aufmerksamkeit bedacht. Und auch hier kann das Lächeln wieder hilfreich sein und genau dorthin geschickt werden, wo sich gerade etwas im Körper tut.

Körperfühlen

Das Vorgehen bei dieser Übung ist wieder denkbar einfach.

- Wenn Sie unruhig sind oder nervös, nehmen Sie sich eine kurze Auszeit.
- Legen Sie sich so entspannt wie möglich auf den Rücken, oder setzen Sie sich bequem zurückgelehnt auf einen Stuhl.
- Schließen Sie Ihre Augen, und richten Sie Ihre Aufmerksamkeit nach innen.
- Spüren Sie allen körperlichen Regungen nach, die auftauchen. Alles darf genau so sein, wie es ist. Versuchen Sie nicht, Ihre Empfindungen zu beeinflussen oder zu kontrollieren.
- Beobachten Sie alles, was in Ihnen vorgeht.
- Lächeln Sie allen aufsteigenden Wahrnehmungen mit der bekannt einfachen Methode zu. Jede Empfindung aus Ihrem Körperland wird wahr- und wichtig genommen und mit lächelnder Aufmerksamkeit bedacht. Wenn sich also ein Grummeln aus dem Bauch meldet, bekommt der Bauch sogleich die Antwort in Gestalt von Zuwendung und einem Lächeln. Meldet sich der Kopf, wird die akzeptierende Aufmerksamkeit zur *Hauptsache* geschickt und kann hier sogar ein Lächeln mitten im Gehirn deponieren.

- Wo immer wir in der Lage sind, hinzudenken, kann auf den Schwingen unserer Gedanken auch das Lächeln hingelangen und dabei ganz nebenher Entspannung verbreiten und die weite Offenheit, die diese praktisch immer begleitet.
- Mit dieser Methode wird nach und nach und doch in kurzer Zeit der ganze Organismus mit bewusster Achtsamkeit versorgt und gegebenenfalls sogar mit Lächeln durchflutet. Anstelle von Enge tritt so Weite, Anspannung kann sich lösen und in Entspannung übergehen und Verschlossenheit wird durch Offenheit ersetzt.
- Die körperlichen Entsprechungen von Nervosität und Unruhe werden sich eine nach der anderen entspannen, was wiederum Rückwirkungen auf die Seele hat, die ihrerseits nun weniger angespannte Botschaften ins Körperland sendet.
- Mit der Zeit tritt eine geradezu wohlige Entspannung ein und erlaubt dem Organismus, sich angenehm warm zu fühlen.

Durch das Körperfühlen wird der fast schon normale Teufelskreis, bei dem seelische Anspannung zu körperlicher Verspannung führt, unterbrochen und sogar umgekehrt. Die Meldung aus dem Körperland wird mit Aufmerksamkeit und Lächeln beantwortet, und die Verspannung löst sich. In der Konsequenz wird die dazugehörige seelische

Anspannung ebenfalls nachgeben. Mit der Zeit kommt so eine Art Aufwärtsspirale in Gang, die zuerst Entspannung vermittelt und dann daraus folgend ruhige Gelassenheit.

Überall im Körperland gibt es Muskeln, die noch ein wenig mehr loslassen können, und automatisch wird der Organismus dabei tiefer sinken – in die Unterlage und die Entspannung. Neben den vertrauten Skelettmuskeln, mit deren Hilfe wir uns bewegen, finden sich auch im gesamten Darmtrakt und in allen Arterien kleine Muskeln, die für die Fortbewegung des Speisebreis und Regelung der Gefäßweite verantwortlich sind. Bei entsprechenden seelischen Problemen, wenn man etwas nicht verdauen kann oder unter Druck gerät, verändern diese Muskeln ihren Spannungszustand oder Tonus und sorgen so für Verspannungen bis hin zu Verkrampfungen.

Die Übung des Körperfühlens kann hier entspannen und Entlastung von der äußeren Skelettmuskulatur bis in den Bereich der Eingeweidemuskeln tragen. Im Bauchbereich kann das in entsprechenden Bewegungen und angenehm entspannenden Tonfolgen deutlich werden. Wer Körperfühlen beherrscht, bekommt damit eine Methode an die Hand beziehungsweise allmählich auch ins Bewusstsein gepflanzt, die den Körper und über ihn die Seele jederzeit in wohlige Entspannung versetzen kann. Diejenigen, die diese Übung zu einem täglichen oder doch häufigen Spiel machen, lernen ganz nebenbei, sich nach Belieben in ihrer Haut wohl zu fühlen.

Ohrmassage

Diese Übung kann bei vielen Gelegenheiten helfen, wieder zu sich und in den Körper zu kommen. Über diesen Weg lassen sich gut Rücken- und besonders Ischiasprobleme und damit die Lasten, die man durchs Leben schleppt, behandeln.

Auch morgens im Bett ist sie ideal für Menschen mit niedrigem Blutdruck, denn genug Kraft, um mit seinen Händen zu den Ohren zu kommen, hat man beziehungsweise *frau* ja immer. Das Vorgehen ist ganz einfach:

- Man beginnt beim Ohrläppchen, das von der Reflexzonenlogik dem Kopf entspricht, und knetet es zwischen Daumen und Zeigefingern – und immer gleich beidseitig – so richtig warm und lebendig.

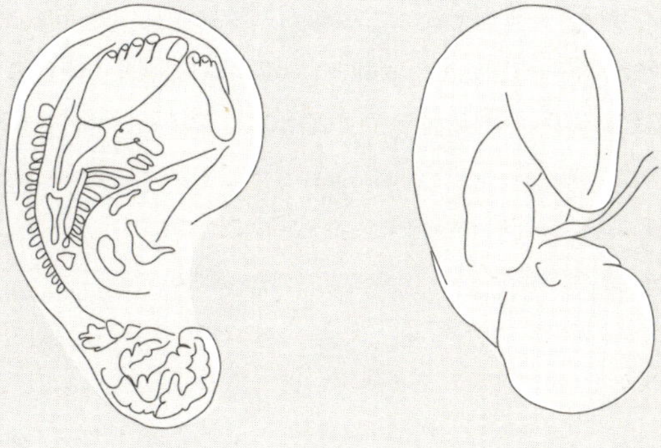

- Nun wandern Daumen und Zeigefinger – wieder beidseitig – am äußeren Ohrrand hoch und massieren anschließend den Kopfbereich beziehungsweise die Ohrläppchen, die Halswirbelsäule, dann die Brust- und schließlich die Lendenwirbelsäule. Am oberen Ohrrand, dort wo einen vielleicht der Lehrer ab und zu genommen hat, findet sich der Ischiaspunkt.
- Anschließend können die beiden Zeigefinger in den Tälern und Schluchten des Ohres viel Gutes tun. Im oberen Ohrbereich erreichen sie die Organe des Brustraumes, im unteren die des Bauchraumes.
- In der Tiefe des Gehörganges gibt es sogar fast immer ein wenig körpereigenes Massageöl.

Wer sich einen Monat lang, jeden Morgen nur eine Minute, die Ohren massiert, erreicht schon viel Gutes, wer es ein Vierteljahr lang tut, wird es beibehalten und für Körper und Seele mehr gewinnen, als er sich jetzt beim Lesen träumen lässt. Natürlich sind die primär körperlich betrachteten Reflexzonen immer auch mit den entsprechenden seelischen Themen verbunden.

Über den Körper die Seele entspannen – Einschlafprobleme lösen

Nichts verscheucht Unruhe und Nervosität so wirksam wie tiefe Entspannung, die immer Körper und Seele verbindet. Diese Methode hilft naturgemäß auch gut bei Einschlafstörungen, die auf Nervosität und Unruhe zurückgehen. Selbst wenn das Einschlafen nicht sogleich eintritt, wird die erreichte Tiefenentspannung doch schon ein dem Schlafen ähnliches Ergebnis hervorbringen. Denn auch in tiefer Entspannung regeneriert der Organismus außerordentlich gut.

In der Regel wird ein entspannter Körper seinerseits auf die Seele zurückwirken und ihr jenes Loslassen schenken, das sie braucht, um sich ihrerseits in aller Ruhe auf den Schwingen der Träume um das Seelenheil zu kümmern.

Tiefenentspannung und Körperfühlen

Für die Tiefenentspannung sollten Sie sich Zeit nehmen, vielleicht eine schöne Entspannungsmusik auflegen und sicherstellen, dass Sie in der nächsten halben Stunde nicht gestört werden.

- Legen Sie sich so entspannt wie möglich auf den Rücken. Wichtig ist, dass Kopf und Schulterbereich nicht höher liegen. Zur Unterstützung Ihrer Wirbelsäule können Sie sich ein Kissen oder eine Rolle unter die Kniekehlen legen.

- Atmen Sie nun bewusst ein und aus. Fühlen Sie, wie sich beim Einatmen die Bauchdecke hebt und beim Ausatmen wieder senkt. Sie können Ihre Hände auf den Bauch legen, um das Heben und Senken der Bauchdecke besser zu spüren. Wenn Sie dabei zusätzlich noch Ihre Hände lächeln lassen, wie zuvor schon das Herz, wird die Übung noch mehr Freude machen.
- Durchwandern Sie nun Ihren gesamten Körper mit Ihrer Aufmerksamkeit, und schenken Sie jedem Bereich ein Lächeln.
- Fangen Sie mit Ihren Füßen an, die Sie jeden Tag durch Ihr Leben tragen. Lächeln Sie Ihren Füßen zu und erlauben ihnen, mit ihrem bodenständigen Lächeln zu antworten, das Sie zugleich erdet.
- Fühlen Sie nun Ihre Beine, die Ihnen Standfestigkeit verleihen und Ihren Fortschritt sichern. Schenken Sie Ihren Waden, Ihren Oberschenkeln ein Lächeln.
- Fühlen Sie in Ihre Finger bis zu den Spitzen und schicken Ihnen, die helfen, Ihr Leben in den Griff zu bekommen, mit Ihrem Lächeln auch Anerkennung und Zuwendung.
- Spüren Sie Ihre Arme und Schultern, die Ihnen erlauben, das Leben heranzuholen, und senden auch ihnen

Ihr Lächeln. Bedenken Sie spürend und lächelnd dabei auch, was so alles auf Ihren Schultern lastet.

- Erleben Sie Ihren Rücken, wie er auf dem Boden aufliegt. Geben Sie all seine Schwere an die Erde ab und schenken ihm ein Lächeln und Anerkennung für all die Lasten und Bürden, die Sie auf ihm durchs Leben schleppen. Fühlen Sie lächelnd und liebevoll die Jahre, die Sie auf dem Buckel haben, und gönnen Sie sich und Ihrem Rücken die Zukunft.
- Vergessen Sie Ihren Nacken nicht, der sich ebenfalls nach Entspannung und Loslassen sehnt und vielleicht so einiges an Rück- und entsprechenden Nackenschlägen hinter sich hat. Körperfühlen in Verbindung mit Lächeln kann hier kleine Wunder bewirken. Wenn entsprechende Traumata ins Bewusstsein steigen, wäre zusätzlich auch an die Augenwander-Methode zu denken.
- Wenn Sie noch Zeit und Lust haben, denken Sie auch lächelnd an Ihre Augen und danken Ihnen für die vielen Eindrücke, die sie Ihnen vermitteln. Auch das Herz, das unermüdlich für Sie arbeitet, verdient ein Lächeln, ebenso wie die Lungen, Ihre inneren Flügel, die Sie nicht nur mit Sauerstoff versorgen, sondern auch mit der Lebenskraft Prana.
- Sogar das Gehirn, das Ihnen all die vielen Informationen vermittelt und sie für Sie verarbeitet, kann mit der

Zeit empfunden und so in das Körperfühlen einbezogen werden.

- Beenden Sie die Tiefenentspannung, indem Sie wieder darauf achten, wie sich Ihre Bauchdecke hebt und senkt, und sich klarmachen, dass Sie jederzeit auf diese Ebene der Seelenbilderwelt zurückkehren können und es mit jedem weiteren Mal sogar noch leichter gehen wird. Sie bahnen sich so Ihren eigenen Weg zu sich selbst.
- Spüren Sie, wie sich Ihr Körper nun anfühlt im Vergleich zum Ausgangspunkt der Reise, und vielleicht mögen Sie ihm danken für diese Erfahrung und all die anderen, die er zusammen mit Ihnen schon genossen hat.
- Öffnen Sie langsam die Augen, und kommen Sie in die Welt der äußeren Bilder zurück.

Mit Tiefenentspannung[1] können Sie eine Entspannung erreichen, die von der Seelenebene auf den Körper einwirkt, oder Sie beginnen mit dem Körper, wie bei der gerade vorgestellten Methode, und beeinflussen von ihm aus die Seele. Natürlich lassen sich auch beide Methoden gut miteinander verbinden, indem man zum Beispiel mit rei-

1 Siehe dazu Ruediger Dahlke: CD, »Tiefenentspannung«, München 2002

nem Körperfühlen beginnt und dann weiter in die Tiefenentspannung gleitet.

Ich empfehle Ihnen hierzu die zum Buch gehörige CD, die Sie auf diese Reise mitnimmt, ohne dass Sie sich die entsprechenden Aufgaben merken müssen. Insofern ist die Entspannung dann noch viel sicherer.

Entscheidungsschwierigkeiten

Auf die innere Wahrheit hören

Hinter scheinbar ausweglosen Situationen, in denen man sich nicht zu helfen weiß, stehen meist Ängste, Fehler zu machen und falsche Entscheidungen zu treffen. In solchen Situationen bietet es sich an, sich nach innen zu wenden und Lösungen in der eigenen Seelentiefe zu suchen und zu finden. Dabei ist es wichtig, den ersten zu einer Frage aufsteigenden Gedanken gleich beim Schopf zu packen. Er hat große Kraft und bietet nicht selten die Chance zu den besten Lösungen.

Schon immer weiß die spirituelle Philosophie um die Macht des Anfangs. Hermann Hesse ging in seinem berühmten Gedicht »Stufen« davon aus, dass jedem Anfang ein Zauber innewohne, und der amerikanische Bestsellerautor Malcom Gladwell hat darüber ein Buch namens »Blink – die Macht des Moments« geschrieben.

Wer beim freien Tanzen seinem jeweils ersten Bewegungsimpuls folgt, wird den eigenen Rhythmus und Stil

Demonstrations-Übung 1

Konzentrieren Sie sich darauf, den nächsten ersten zu einem bestimmten Thema aufsteigenden Gedanken zu erwischen, der sofort auf die Fragestellung hin aufsteigt. Sie kennen die Frage noch nicht und haben deshalb beste Chancen, etwas Neues über sich zu erfahren. Also, auf die Plätze fertig los:

- **Denken Sie jetzt nicht nur an ein, sondern an Ihr Tier!**
- Sofort wird ein Gedanke an ein Tier aufgestiegen sein. Das ist Ihr Totemtier, wie die Indianer diesen persönlichen Tierverbündeten nennen. Wenn Sie nur einen Moment zögern, werden Sie schon so viele Tiere zur Auswahl haben, dass die Frage nicht mehr wirklich klärbar ist. Das Ganze steht und fällt mit dem ersten Gedankenimpuls.

Wenn Ihr Intellekt es schon vermasselt haben sollte, weil er Angst hat vor dieser neuen Macht des ersten aufsteigenden Gedankens, schenken Sie sich noch eine zweite Chance:

finden und sich in der Bewegung wohl fühlen, auf andere wird er ansprechend und anziehend wirken, ganz im Gegensatz zu denjenigen, die vorgeformten und angelernten

Mustern folgend ein Schema F heruntertanzen. Von der sprichwörtlichen Liebe auf den ersten Blick träumen viele, und alle kennen oder ahnen zumindest deren besonderen Charme.

Der erste aufsteigende Gedanke kann in ganz ähnlicher Weise bezaubern und wie nichts anderes in Krisensituationen weiterhelfen beziehungsweise aus ihnen befreien.

Demonstrations-Übung 2

Stellen Sie sich darauf ein, jetzt wirklich den ersten aufsteigenden Gedanken sofort zu erwischen. Sobald das Thema ins Bewusstsein steigt, wird er schon da sein. Also Achtung:

- **Denken Sie an ... Ihren Baum!**
- Wenn Sie den ersten Gedanken wahr- und wichtig genommen haben, ist es Ihr ganz persönlicher Baum, der da als Bild, Gedanke oder Wort aufgestiegen ist. Das keltische Baumorakel spricht ihm eine große Bedeutung für Sie zu.

Vielleicht behalten Sie einfach Ihr Tier und Ihren Baum im Hinterkopf und schauen mal, wie das Wissen um diese zwei Verbündeten aus den Naturreichen in Zukunft Ihnen hilft.

Der erste aufsteigende Gedanke

- Schaffen Sie sich eine ruhige Situation.
- Stellen Sie sich zu Beginn der Übung ganz kurz und bewusst in Gedanken auf das anstehende Entscheidungsproblem ein.
- Schließen Sie bewusst die Augen.
- Beginnen Sie wieder, mit Ihren Augen zu lächeln, und verbinden Sie es nach einer gewissen Zeit mit dem Lächeln des Herzens – so werden Sie ohne weiteren Aufwand auch die emotionale herzliche Seite an der Entscheidung beteiligen. Wer die Brücke noch weiter spannt und das Lächeln auch noch in den Bauch hinunter schickt, wird auch sein Bauchgefühl an der Lösungssuche beteiligen. Einen Augenblick lohnt es sich, die verschiedenen Arten des Lächelns miteinander zu vergleichen.
- Die mit dem inneren Lächeln natürlicherweise vertrauten Menschen auf Bali gehen davon aus, dass das Lächeln des Herzens das eigene individuelle Lächeln und das obere der Augen das himmlische Lächeln sei. Entsprechend könnten wir das untere Lächeln in Bauch und Becken als bodenständig bezeichnen und mit unseren Wurzeln in Verbindung bringen. Diese drei Arten des Lächelns beziehen sich auf die drei Zentren unseres Menschseins. Werden sie miteinander verbunden über

die Brücke des inneren Lächelns[1], sind die Betroffenen mit ihnen auf einer tiefen unbewussten Ebene in Kontakt und in der Lage, wirklich ganzheitlich zu entscheiden.

- Machen Sie sich nun die Entscheidung, die ansteht und um die es (in Ihrem Leben) geht, bewusst, und nehmen Sie die Fragestellung gleich von Anfang an mit in die Entspannung. So haben Sie gute Chancen, an eine optimale und wahrscheinlich sogar an »Ihre« Lösung heranzukommen.
- Um noch tiefer in die Entspannung oder sogar Trance zu gehen, können Sie das schon gut vertraute Lächeln wählen, können es mit Körperfühlen verbinden oder sich einer beliebigen CD mit einer geführten Meditation Ihrer Wahl als Vorprogramm bedienen, an das Sie dann Ihre spezielle Entscheidungsfindung anhängen. Auch die Begleit-CD zu diesem Buch wäre dazu gut geeignet.
- Das Entscheidende geschieht ganz einfach dadurch, dass Sie sehr bewusst auf den ersten aufsteigenden Gedanken achten, der sich nach Formulierung Ihrer Frage zeigt. Mit der Zeit wird er sich geradezu aufdrängen, zu Anfang gilt es sehr achtsam und aufmerksam auf ihn

1 Siehe dazu Ruediger Dahlke: CD, »Energie-Arbeit«, München 2007

zu horchen. Wo soll er schon herkommen, wenn nicht aus der Tiefe der eigenen Seele? Er wird in der Regel die bessere Lösung enthalten als alles Brainstorming der Welt.

Die Tatsache, dass Sie so an besonders wertvolle Informationen herankommen, wird heute sogar wissenschaftlich gestützt, denn wir wissen inzwischen, dass unsere größte Kreativität nicht im Bereich des Wachbewusstseins liegt, wenn die Gehirnwellen ein sogenanntes Beta-Muster abbilden, sondern im sogenannten Alpha-Bereich, der sich durch niedrigere Frequenzen auszeichnet. Am allerbesten ist die Kreativität im noch niedrigeren Theta-Bereich. In tiefer Entspannung gleiten wir – aus Sicht des Gehirns – aus dem Beta- in den Alpha-Bereich. Wer das oft geübt hat, wird sogar noch tiefere Ebenen der Entspannung erreichen, die sich durch Theta-Wellenmuster auszeichnen und allgemein als Trance bezeichnet werden. Das sind die Gehirnwellenbereiche, in denen gute Geistheiler arbeiten, und es ist der Zustand unserer höchsten Kreativität.

Nachtragend sein

Unnötigen Ballast loswerden

Nachtragende Menschen erschweren sich selbst das Leben am meisten – im wahrsten Sinne des Wortes. Denn sie sind es letztendlich, die all das schleppen müssen, was sie anderen nachtragen. Allein schon dieser Gedanke könnte einen an der Sinnhaftigkeit dieses Konzeptes zweifeln lassen. Die Frage, ob es sinnvoll sein kann, anderen etwas nachzutragen, insbesondere Menschen, die man nicht einmal mag, müsste sich schon auf dem Intelligenzweg rasch klären lassen. Trotzdem vertun nicht wenige Menschen an diesem Punkt viel wertvolle Lebenszeit und -energie.

Sind diejenigen, denen man etwas nachträgt, einem das überhaupt wert? In aller Regel wird man feststellen, dass das nicht der Fall ist, man will ihnen in aller Regel im Gegenteil sogar schaden. Deshalb muss man sich fragen, ob die eigene Macht dazu überhaupt ausreicht. Tatsächlich ist es eher so, dass diejenigen, die ihre geistig-seelische Kraft so weit entwickelt haben, dass sie dazu in der Lage wären, sich hüten würden, so etwas Dummes zu tun. Sie wissen viel zu genau, wie sehr sie sich damit auf geistig-seelischer Ebene selbst schaden.

Von hier ist der Schritt zur Erkenntnis nicht mehr weit, dass man mit der Methode des Nachtragens vor allem sich selbst schadet, weil man all die belastenden Gedanken selbst herumschleppt und gar nicht bei den eigentlichen Adressaten abladen kann. Selbst wenn das möglich wäre, bliebe der Eigenschaden noch immer unübersehbar. Wie aber praktisch herauskommen aus diesem so unsinnigen Unterfangen? Der Ausweg aus der Misere beginnt natürlich bei einem selbst und verlangt das Abstellen und -legen von all dem, was man nachträgt. Am einfachsten gelingt das in einem bewussten Loslass-Ritual.

Ritual des Loslassens

Dazu gibt es verschiedene Ansätze. Ganz wichtig ist die geistig-seelische Vorbereitung des Rituals. Es geht nicht darum, dem vermeintlichen Missetäter von oben herab zu verzeihen und, sich über ihn stellend, das Thema loszulassen. Das kann gar nicht funktionieren. Zuerst geht es vielmehr darum, die Hintergründe der Problematik in tiefer Entspannung – wie sie schon geübt wurde – zu durchschauen und die eigenen Anteile an dem Problem anzuerkennen.

Ist das geschehen, stellt man sich in der Tiefenentspannung die Frage:

Kann ich all meine Anteile aus diesem Thema zurückziehen, oder ist davor noch etwas zu tun, wie etwa ein Brief zu schreiben, eine Kerze anzuzünden usw.? Wenn ein »Ja« aus den eigenen Seelentiefen aufsteigt, könnte man aus den Seelenbilderwelten oder auch ganz konkret oder auf beiden Ebenen ein kleines, aber wirksames Ritual machen.

Ritual-Vorschläge

- Man sucht sich in der Seelenbilderwelt oder konkret einen Gegenstand, der symbolisch die Last darstellt. Das könnte zum Beispiel ein besonderer Stein sein, den man konkret oder in der Bilderwelt aus dem Wasser und damit aus der Seelenwelt heraufholt. Er ließe sich anschließend sehr bewusst vergraben in dem Sinne, wie Indianer das Kriegsbeil begraben.
- Das gefundene oder aufgetauchte Symbol wird auf ein Stück Rinde, ein kleines »Boot«, gelegt und bewusst dem Wasser eines Baches oder Flusses übergeben, verbunden mit der Idee, dass es zum Ziel des Flusses, dem Meer, getragen werden möge, um auch das Problem zu seinem Ziel, der Lösung nämlich, zu bringen.
- Man malt oder schreibt dieses Symbol auf einen Zettel oder ein Stück Rinde und verbrennt es rituell und unter Beobachtung und Achtsamkeit, verbunden mit den Gedanken, dass die Botschaft von dieser gefundenen Lö-

sung nicht nur auf Erden, sondern mit dem Rauch auch den höheren oder himmlischen Ebenen mitgeteilt wird – in dem Sinn, wie Indianer den Rauch ihrer kreisenden Friedenspfeife in die obere Welt aufsteigen lassen.

- Man setzt sich vor ein leeres Mandala und stellt es sich als Muster des Problems vor. Dann greift man mit der linken intuitiven Hand blind in einen Haufen Farbstifte, greift sich einen und malt damit die innerste Mandala-Schicht. Anschließend gibt man den Stift zurück, rührt den Farbstifthaufen blind durch und greift sich den nächsten Stift für die nächste Mandala-Schicht und so weiter und so fort – bis das Mandala des Problems seine ganze Buntheit bekommen hat.
- Allein seine Betrachtung und die kurze Meditation mit dem Mandala als Zentral-Objekt kann weitere erhellende Aspekte der Thematik zu Bewusstsein bringen.
- Anschließend setzt man sich zum eigentlichen Loslassritual vor eine mit Wasser oder Erde gefüllte Schüssel oder gleich ins Freie, durchbohrt das Mandala von der Rückseite mit einem Stift und hält es dann mit dieser Öffnung über eine brennende Kerze. Die Flammen werden es so aus der Mitte heraus verbrennen, während man erlebt, wie sich das zugehörige Problem synchron löst. Wer ganz sichergehen will, kann auch die Asche noch rituell versorgen, zum Beispiel in einem Blumentopf, sodass es bewusst der Erde übergeben wird, die

es auflöst und irgendwann wieder etwas Sinnvolleres daraus wachsen lässt.

- Je mehr seelische Energie und Achtsamkeit in das Ritual fließt, desto besser. Insofern wäre es natürlich ideal, mit der- oder demjenigen zusammenzusitzen, dem man das Thema nachgetragen hat, das Kriegsbeil (zusammen) zu begraben und gemeinsam die Friedenspfeife zu rauchen. Dann sind Erdreich und Himmel von der neuen Lage informiert, und man kann sicher sein, dass auf allen Ebenen Ruhe einkehren kann.

Mit dem Atem loslassen

- Schaffen Sie sich eine ruhige Situation.
- Vergegenwärtigen Sie sich zu Beginn der Übung sehr bewusst, wem Sie was nachtragen.
- Schließen Sie die Augen und richten die Achtsamkeit nach innen.
- Beginnen Sie wieder, mit Ihren Augen zu lächeln, und verbinden Sie dieses Lächeln nach einer gewissen Zeit mit dem des Herzens.
- Lassen Sie nun neuerlich Ihre Augen sanft von links nach rechts wandern, und kehren Sie in Gedanken zu der Situation zurück, die der Auslöser Ihres Nachtragens war.

Mit der schon vorgestellten Technik des Augenwanderns ist diese Situation so weit zu entschärfen, dass sie mit einem Lächeln in den Augen betrachtet werden kann, vielleicht sogar mit einem Zwinkern, wenn der Eigenanteil an dem Dilemma bewusst wird, also das, was Sie selbst zur Entstehung des Problems beigetragen haben. Wenn dieses Lächeln nun noch den Brückenschlag von den Augen zum Herzen schafft, wird es noch leichter, sich von der ursprünglichen Situation und ihrer emotionalen Ladung zu lösen. In diesem Fall entwickelt sich die schon erwähnte Herz-Kohärenz und jener Zustand fließenden Wohlbefindens, der mit der Haltung des Nachtragens emotional gar nicht vereinbar ist.

- In dieser Stimmung, mit der ursprünglichen Situation in Lösung und dem warmen Gefühl des Lächelns kann man die Augen weiter geschlossen lassen und sich vorstellen, wie all die Energie, die bisher in den oder die Vorwürfe geflossen ist, sich in der Vorstellung und auf der Ebene der inneren Bilder zu einer Energie formt, die sich ganz bewusst mit dem Ausatem loslassen lässt.
- So wird der Atem zu einer Methode des Loslassens, und besonders die Ausatemzüge können helfen, für Entlastung zu sorgen. Mit ihrer Hilfe kann man die Schultern mit jedem Ausatmen mehr fallen lassen und damit den Kopf frei und vor allem aus der Angsthaltung heraus bekommen. Und nun lässt sich die Energie des Nach-

tragens und der Vorwürfe ausatmend ganz bequem loslassen – Atemzug um Atemzug.

- Mit jedem Ausatem wird sich mehr Energie lösen, und die Vorwürfe können auf diese Weise abfließen – und auch all der Ballast, der diesem bestimmten Menschen so lange nachgetragen wurde.
- Als Ergebnis wird ein energetischer Freiraum entstehen, der bewusst mit neuen Inhalten gefüllt werden kann. Statt Ihre Energie und Zeit damit zu verschwenden, anderen weniger geliebten Menschen Vorwürfe und Vorhaltungen nachzutragen, können Sie nun sinnvolle und befriedigende Themen finden. Achten Sie wieder darauf, welcher aufsteigende Gedanke sich zuerst zeigt. Dafür reicht es, noch einen Augenblick liegen zu bleiben und sich einfach zu fragen, was den Platz der alten Vorwürfe und Vorhaltungen einnehmen könnte. Der jeweils erste aufsteigende Gedanke wird es zeigen.
- Jetzt kann der Einatem helfen, diese Thematik auch hereinzulassen und ihr zu erlauben, sich in dem frei gewordenen Bereich auszubreiten und niederzulassen. Auf diese Weise kann man sich all den über lange Zeit herumgeschleppten Ballast von der Seele atmen – ohne dabei den Atem zu verändern, zu vertiefen oder sonstige Manipulationen vorzunehmen. Ein ganz normaler sanft fließender Atem ist dazu völlig ausreichend und bestens geeignet.

Hier mögen sich schon die enormen Chancen dieser kleinen Übung abzeichnen. Je nachtragender jemand war, desto größer ist die Chance, sich hier das Leben einerseits nachhaltig zu erleichtern und andererseits neue wert- und wundervolle Themen ins eigene Leben zu integrieren.

Natürlich ist es gut möglich, all jene Personen der Reihe nach und in verschiedenen Sitzungen auftauchen zu lassen, denen man je etwas nachgetragen hat oder noch nachträgt. Wenn sichergestellt ist, dass all die alten Vorwürfe wirklich restlos ausgeatmet und damit losgelassen sind, ist das eigene Leben ein völlig neues und vergleichsweise wundervolles.

Es könnte gut sein, dass die Umgebung und vor allem man selbst das Gefühl hat, gar nicht mehr derselbe zu sein.

Dass auch das Ziel des bisherigen Nachtragens auf die Dauer von der neuen Lage Wind bekommt, ergibt sich ganz von selbst. Vor allem aber ist ein so rundum erleichterter Mensch ein Genuss für sich und seine ganze Umgebung – insofern ist diese kleine Übung eines der schönsten Geschenke an sich selbst und die Welt.

Eine Geschichte mag das alles noch einmal illustrieren.

Es war einmal ein Mann, der ging recht unbeschwert und fröhlich auf dem Weg, der ihn durch sein Leben führte. Eines Tages begegnete ihm ein wilder Kerl, der wie wild – was er ja war – mit Nägeln und Schrauben, Kochtöpfen und Bratpfannen um sich warf. Ein paar davon trafen den Wanderer … Der wilde Kerl hatte ihm schlimme Schmerzen zugefügt.

Der Wanderer leerte seinen Rucksack, sammelte die alten und rostigen Nägel, Schrauben, Kochtöpfe und Bratpfannen ein und stopfte sie hinein. Der Sack war schwer. Mühsam richtete er sich auf. Aber er ging nicht mehr seinen Weg weiter, sondern trabte dem wilden Kerl hinterher. Der ließ sich davon nicht stören. Noch Jahre später konnte man im Land der wilden Kerle dann und wann einen traurigen und müden Wanderer sehen, der einem wilden Kerl folgte und einen großen Rucksack über der Schulter trug, in dem es rostig klapperte.[1]

Eine noch intensivere Auseinandersetzung mit diesem Thema bietet das Programm »Entgiften-Entschlacken-Loslassen«[2], das ein Verzeihungsritual einschließt, das die Aussöhnung mit den Menschen, denen man bisher etwas nachgetragen hat, noch auf eine höhere Stufe bringt. Der vorgegebene Rahmen für das Ritual ist leicht nachvollziehbar und braucht nur noch mit den eigenen Inhalten gefüllt zu werden. Noch anspruchsvoller und nachhaltiger widmet sich die CD »Verzeihen«[3] dieser Thematik.

---

1 Aus Aljoscha A. Schwarz: Spring über den Horizont, Stuttgart 2004

2 Ruediger Dahlke: CD, »Entgiften-Entschlacken-Loslassen«, München 2002

3 Ruediger Dahlke: CD, »Die Heilkraft des Verzeihens«, München 2007

Beleidigt sein

Schwere durch Leichtigkeit ersetzen

Ganz ähnlich wie Nachtragen ist Beleidigtsein ein ausgesprochen ungeschickter Versuch, mit der Welt und ihren Menschen fertig zu werden. Das Leid trifft auch dabei viel mehr die Beleidigten als diejenigen, denen sie beleidigt sind. Die entsprechenden Spezialisten ziehen das Leid gleichsam magisch an wie Magnete Eisen und beladen sich damit. Insofern ist Beleidigtsein eine durch und durch ungeeignete Lebensstrategie, die sich über kurz oder vor allem lang gegen einen selbst richtet. Je früher man das erkennt, desto mehr Lebenszeit und -energie lässt sich noch retten.

Wer das jetzt lesend erkennt und mit vollzieht, hat sofort die Chance, aus dem Dilemma auszusteigen und vor allem sich selbst daraus zu befreien, aber natürlich auch all die anderen Opfer dieser ungeschickten Strategie, die nichts als Schaden produziert. Im Prinzip ist ihr mit der gleichen Methode beizukommen wie der Thematik des Nachtragens.

Sich frei atmen

- Tauchen Sie – wie nun schon gewohnt – in eine Tiefenentspannung ein mithilfe Ihres Lächelns oder Körperfühlens.
- Kehren Sie zur Ursituation zurück, in der die Falle zuschnappt und Sie selbst »einschnappen«.
- Lassen Sie Ihre Augen lächeln, und wandern Sie wieder mit Ihren Augäpfeln hinter den geschlossenen Lidern sanft und behutsam von links nach rechts usw. usf. Lassen Sie die Situation dabei vor Ihrem inneren Auge neuerlich ablaufen, und erleben Sie den ersten aufsteigenden Gedanken nochmals.
- Wenn das Lächeln aus der Tiefe der Augenhöhlen auftaucht, erlauben Sie ihm auch, Ihr ganzes Gesicht einzuhüllen. In Gedanken können Sie sich das Lächeln sogar noch unter die Haut gehen lassen, indem Sie es einfach ein wenig in die Tiefe denken. Sie können es sich – in Gedanken und bald auch schon konkret – sogar bis auf die Knochen gehen lassen.
- In dieser Stimmung ist leichter zu erkennen, was für ein energetischer Unsinn das Einschnappen und Beleidigtsein ist und wie sehr es einen selbst von der eigenen Quelle der Energie und des Wohlbefindens abschneidet. In tiefer Entspannung gelingt es leicht, diese Haltung aufzugeben, schon weil sie nichts bringt als Nachteile.

- Verlassen Sie das Leid, das Sie sich selbst zufügen, und die elende Stimmung, die sich ausbreitet, sobald Sie beleidigt sind, und machen Sie sich bereit, sich jetzt davon zu befreien.
- Mit jedem Ausatem lassen Sie ein kleines Stückchen mehr von dem Energie-Paket los, das sich aus dem Beleidigtsein gebildet hat. Dieses Energiefeld mag wie ein Kuchen ausgeformt sein. Nun können Sie Scheibe für Scheibe und Stück für Stück davon mit dem Ausatem – in bewährter Weise – loslassen.
- Beim Einatmen könnten Sie an Ihr Lächeln denken und so Atemzug für Atemzug mehr davon hereinholen, sodass sich die Lungenflügel immer mehr mit der Weite und Offenheit des Lächelns füllen. Dadurch kann sich ein Gefühl von Leichtigkeit und Lebendigkeit ausbreiten, das einen angenehmen Gegenpol zu jenem der Schwere des Beleidigtseins bildet und ihn nun schon bald ganz ersetzen wird.

In Zukunft ließe sich diese Atemtechnik, die die Atemtiefe gänzlich unverändert lässt, auch schon anwenden, wenn man sich einer Situation nähert, in der man früher sicher eingeschnappt wäre. Es reicht dann oft schon, sich klarzumachen, was man im Begriffe ist, sich selbst anzutun, obwohl man eigentlich gegen jemand anderen ist. Manchmal kann es dann sinnvoll sein, diesen anderen direkt zu konfrontieren mit den negativen Emotionen, die sich gerade in der eigenen Brust aufbauen wollen.

Selbst wenn das zu einer Konfrontation führt, ist es immer noch besser als der innere Stau beim Beleidigtsein.

Meist wird man aber die Situation gemeinsam klären können, sodass nichts hängen bleibt, was danach mühsam durchs Leben mitgeschleppt werden muss.

Wer nichts dergleichen mehr aufsammelt, braucht auch nichts mehr loszulassen – natürlich die mit Abstand eleganteste Lösung!

Manchmal wird ein solchermaßen Konfrontierter sogar dankbar sein für die rasche Stellungnahme und ebenso spontane Klärung. Selbst wenn er von seinem Verhalten, das übel aufgestoßen ist, nichts zurücknehmen kann oder will, ist das Problem beim Namen genannt und das Thema ausgesprochen. Damit ist schon einiges an Druck losgelassen und das Einschnappen in der Regel verhindert. Wo es doch noch geschieht, kann die oben beschriebene Methode ihm das Wasser sogleich wieder abgraben.

Ein vom beleidigten Einschnappen befreites Leben wird sich vergleichsweise leicht und beschwingt anfühlen.

Indianer-Trick als Übung

»Gehen Sie zehn Schritte in den Mokassins des anderen.« Versetzen Sie sich in die Lage Ihres Widersachers, meditieren Sie über sein Leben und sein So-Sein. Schreiben Sie einen Brief über die Situation aus der Sicht und Feder des anderen und erklären ihre (seine) Sicht der Dinge. Nicht selten tritt schon dadurch an die Stelle von Hass und Rachegelüsten Verständnis.

Notwehrmaßnahmen gegenüber beleidigten Menschen

Sobald man »beleidigte Energie« spürt, wäre es sinnvoll, diese Wahrnehmung auszudrücken, die Betreffenden darauf anzusprechen und mit dem Angebot zu konfrontieren, die Sache zu bereden und zu bereinigen. Wenn jemand auf dieses Angebot eingeht, kann sich die ganze Angelegenheit sofort klären und aus der Welt schaffen lassen. Wer dagegen nicht bereit ist, sich über das Problem auszutauschen, signalisiert damit, dass er lieber weiter beleidigt ist, wozu er das Recht hat.

Das kann so deutliche und drastische Formen annehmen, dass jemand auf die Frage, was los sei, mit bitterbösem Gesicht antwortet: »Nichts!« In solch einem Fall empfiehlt es sich, das Angebot aufrechtzuerhalten in dem Sinne, dass man dem Betreffenden signalisiert, wann immer er wolle, sei man für ein klärendes Gespräch bereit.

Bis dahin aber empfiehlt es sich, den Kontakt völlig einzustellen und die Gegenwart von Beleidigten zu meiden, wovon die Betroffenen natürlich zu informieren sind. Ich persönlich sage solchen Menschen ganz direkt, dass ich über fünfzig bin und schon von daher keine Zeit mehr zu verlieren habe. Folglich kann ich es mir gar nicht leisten, mit jemandem Zeit zu verbringen beziehungsweise zu verschwenden, der offensichtlich beleidigt ist, aber nicht dazu stehen will. Dieses Vorgehen fördert die Bereitschaft der Betroffenen ungemein, sich dann doch noch auseinanderzusetzen.

Es ist sogar oft so, dass leicht Beleidigte dankbar sind, wenn man sie aus ihrem Dilemma befreit, denn natürlich leiden sie selbst am meisten unter dem Leid, das sie mit sich herumschleppen und anderen anhängen wollen, es jedoch dabei keinesfalls loswerden. Wer dagegen – wodurch auch immer – sein Leid loslassen kann, ist selbstverständlich glücklich und seinem Befreier aus dem Elend meist auch dankbar.

Wenn dieser Schritt einige Male geschafft ist, wächst in der Regel auch die Bereitschaft, am Anfang des Kapitels einzusteigen und den Ausstieg aus dem Beleidigtsein in Eigenregie nach Anleitung in die Hand zu nehmen.

Ein Leben ohne Nachtragen, Beleidigtsein und Rache

Die nächste Steigerung liegt darin, sich so rechtzeitig auf die Schliche zu kommen, dass es möglich ist, den Einstieg ins Beleidigtsein von vornherein zu erkennen und zu vermeiden. Wer die Gelegenheiten, in denen er früher beleidigt reagiert hätte, schon im Vorfeld ausmacht und einen anderen Weg wählt, wird sich und seiner Umwelt gleichermaßen das Leben erleichtern und verschönern.

Wenn das eigene Leben Schritt für Schritt und Etappe für Etappe vom Beleidigtsein gesäubert ist, wenn man aufhört, anderen Dinge nachzutragen und unausgesprochene Vorwürfe in seinem Herzen zu wälzen, kann ein ganz neuer Lebensabschnitt beginnen.

Selbst Rachegedanken wird man auf diesem Weg aufgeben können und erleben, wie erleichternd es ist, wenn die Seele von solchem Ballast befreit wird. Wer es lernt, den biblischen Satz »Die Rache ist des Herrn« in die Praxis seines Lebens umzusetzen, wird im wahrsten Sinne des Wortes aufleben. Denn natürlich schafft er sich auf diese Weise eine ganz üble Aufgabe vom Hals, indem er sie bewusst an höchste Stelle delegiert – genau wie es die Bibel vorschlägt.

Wut, Ärger und andere starke Emotionen

Die eigene Mitte wiederfinden

Wer außer sich ist, hat automatisch auch seine Mitte verloren und gerät in den Strudel der Emotionen. Die Energie kann ihm dabei zu Kopf steigen, was sich in einer »roten Birne« äußern würde, die an sich schon ein allgemein anerkanntes Alarmzeichen ist. Sie kann aber auch in den unteren Partien versacken, was sich umgekehrt in Blutleere im Kopf und Ohnmachtsnähe äußern würde.

Starke emotionale Bewegungen haben rasch die Tendenz, uns aus der eigenen Mitte zu werfen, und stellen letztlich auch Notfälle dar. Der entscheidende Punkt dabei ist, sich klarzumachen, dass es keine Lösung gibt, solange man in den Emotionen bleibt und versucht, aus ihnen heraus zu agieren. Die idealste Antwort auf solche Entgleisungen wäre, ganz entschieden die Bewusstseinsebene zu wechseln, wie es die nächste Übung nahelegt. So etwas kann auch reflexhaft geschehen im Sinne der Verhaltenstherapie. Wenn ich weiß, dass ich zum »Ausrasten« neige, kann ich mich darauf programmieren, ganz systematisch wieder »einzurasten« mit der entsprechenden Übung, ähnlich wie man bei einem abgestürzten Computer ebenfalls ein paar Routineschritte zum Neustart unternimmt. In unserem Fall hieße das, sich hinzusetzen, das Innenleben wieder auf die Reihe beziehungsweise ins Lot zu bringen. Das gelingt mit dem Kleinen Energiekreislauf aus dem Qi Gong.

Auf der Ebene der Gehirnwellenmuster ist völlig klar, dass im überdrehten Beta-Bereich des Außer-sich-Seins die Kreativität und von daher die Lösungswahrscheinlichkeit minimal ist. Bessere Chancen böte ein Eintauchen in den Alpha-Zustand, wie er durch Tiefenentspannung, das innere Lächeln oder Körperfühlen erreichbar ist. Am besten wäre der Theta-Bereich, wie ihn Trance ermöglicht.

Der Kleine Energiekreislauf aus dem Qi Gong

- Setzen Sie sich dazu aufrecht hin, am besten in einer zur Meditation geeigneten Haltung wie dem *Diamantsitz,* bei dem Sie auf dem Boden knien, während das Gesäß von einem Kissen unterstützt wird, das Sie zwischen die Beine klemmen.
- Eine Alternative ist der halbe Lotossitz, bei dem beide Knie den Boden berühren, aber nur ein Fuß auf dem gegenüberliegenden Oberschenkel liegt.

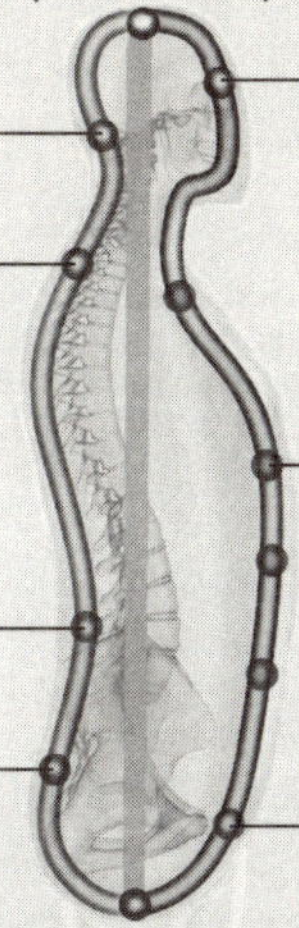

- Eine weitere Alternative ist, einfach aufrecht auf einem Stuhl zu sitzen, was dem *ägyptischen Sitz* entspräche.
- Der Erleuchtung ist es bekanntlich egal, in welcher Position Sie sie erlangen.
- Lassen Sie die Augen zugehen und richten Ihre Aufmerksamkeit auf das *Untere Dan-Tien,* einige Fingerbreit unter dem Nabel, den Energiesee der körperlichen Mitte. Die Chinesen sehen in ihm die Mitte zwischen Himmel und Erde im Menschen. Hier liegt unsere eigentliche körperliche Kraft, und so macht es Sinn, hier die Meditation zu beginnen.

- Schicken Sie Ihr Lächeln in diese Region, bis Sie Wärme spüren und die Offenheit und Weite, die Sie schon von Ihrem Lächeln gewohnt sind, und verweilen Sie mit Ihrer Achtsamkeit in diesem Bereich des unteren Energiesees.
- Wandern Sie nun allmählich mit Ihrer Aufmerksamkeit weiter hinunter auf der Körpervorderseite, während Sie etwas von der Weite und Offenheit des Lächelns im Unteren Dan-Tien zurücklassen, und gelangen zum *Dammpunkt,* Huiyin, zwischen den Genitalien und dem Anus, dem Ausgangspunkt des weiblichen Zentralgefäßes an der Beckenbodenbasis. Durch dieses weibliche Tor kann die Yin-Energie der Erde aufsteigen, und genau das stellen Sie sich nun lächelnd vor.
- Spannen Sie dazu Ihre Beckenbodenmuskeln einige Male an, so als würden Sie das Wasserlassen unterbrechen wollen, und lassen dann auch wieder los. Wenn Sie diese Übung einige Male machen, können Sie hier ganz unten Wärme entfachen und Ihr Lächeln verweilen lassen.
- Schicken Sie anschließend Ihr Lächeln weiter zum männlichen *Steißbeinpunkt,* Weilü, dorthin wo das Steißbein vom Kissen abgestützt wird, und lassen das Lächeln hier an der Basis der männlichen Yang-Kraft verweilen.
- Wandern Sie anschließend weiter mit dem Lächeln Ihrer Aufmerksamkeit zum Mingmen genannten *Nierenpunkt,*

dem Tor des Lebens und Ort der sogenannten Speicherenergie, jener Energie, die ins Leben mitgebracht wurde. Er liegt auf der Körperrückseite gerade gegenüber dem Nabel.

- Lassen Sie die Wärme und Weite des Lächelns diese ganze Region durchfluten – verbunden mit dem Gedanken, Ihre ererbte Energie zu bewahren.
- Jetzt wandert das Lächeln weiter aufwärts zum Dazhui genannten *Brustwirbelpunkt* zwischen den Schulterblättern – an der Stelle, wo sich die Verbindungslinie der Schultern mit der Wirbelsäule trifft. Lächelnde Wärme an dieser Stelle kann die aufrechte Haltung des Rückens stärken und die Schultern entspannen.
- Und das Lächeln wandert weiter zum Midem genannten *Jadekissen,* das man sich wie ein Energiepolster an der flachen Stelle des Hinterkopfs vorstellen kann. Von hier aus geht jenes Strahlen aus, das in der christlichen Kultur als Heiligenschein bekannt ist. Energie an dieser Stelle hilft, eine jugendliche Ausstrahlung zu erhalten.
- Vom strahlenden Jadekissen wandert das Lächeln zum Baihui genannten *Himmelstor,* dem tausendblättrigen Lotos und Scheitel-Chakra der Hindus. Hier kann man sich vorstellen, wie himmlische Energie sich von oben in den Scheitel ergießt und den ganzen Kopf und Körper mit Licht füllt. Es sollte leicht sein, dieser Vorstellung ein strahlendes Lächeln zu schenken.

- Anschließend fließt die Energie breitflächig über die Stirn zu jenem Punkt tiefster Einsicht zwischen den Augenbrauen, dem dritten Auge oder *Oberen Dan-Tien,* dem sechsten Chakra Ajna der Hindus. Das Lächeln kann hier tiefere Einsichten fördern, die Intuition anregen und jedenfalls angenehme Offenheit und Wärme verbreiten.
- Vom dritten Auge fließt der Energiestrom über die Brücke der Zunge, die am Gaumen anliegt, hinunter und gelangt von dort über den Hals in die Mitte der Brust in den Herzraum, wo es sich mit dem herzlichen Lächeln vereint. Die Gedanken Herz und Lächeln kommen zusammen, und es bildet sich ein See von Energie im *Mittleren Dan-Tien,* der über das physische Herz hinausreicht und strahlt. Es ist der Ort der Zuwendung und Herz(ens)-energie, (Nächsten-)Liebe und Liebes-Ekstase.
- Und nun fließt der breite Energiestrom vom Herzraum hinunter ins *Untere Dan-Tien* und verbindet sich mit dem Energiesee im Bauch.
- Im Unteren Dan-Tien kann sich nun die obere ins Scheitel-Chakra eingeströmte himmlische Energie mit der unteren irdischen, die durch das Hui-Yin genannte untere Tor einströmt, mischen und zu unserer eigenen Energie verbinden.
- Und so wie sich der Kreis nun schließt, kann der Strom des Lächelns auch weiterfließen und eine neue Energierunde einläuten.

- Wer seine Mitte verloren hat und außer sich geraten ist, kann diesem Kreislauf so lange folgen, bis er – ständig die Mitte umkreisend – wieder bei sich ist und in sich ruhend neuerlich ein Gefühl der Einkehr entwickelt. Das wiederholte Durchwandern der verschiedenen Zentren und Stationen dieses Energiekreislaufs hat auch die Tendenz, die Energien auszugleichen und energetischen Überfluss in Bereiche von Mangel umzuleiten.

Großer Ärger und Wut, die einen immer wieder einholen, lassen sich auch mit einem speziell dafür entwickelten Meditations-Programm in Trance bearbeiten[1].

Wer es schafft, trotz des Ärgers und der Wut, in solch eine Tiefenentspannung einzusteigen oder in den kleinen Energiekreislauf, wird allmählich diesen Emotionen die Spitze nehmen.

Tatsächlich zeigen Forschungsergebnisse, dass es nicht weiterhilft, solche Emotionen auszuleben, sondern im Gegenteil nur schadet.

1 Ruediger Dahlke: CD, »Wut und Ärger«, München 2006

Enttäuschung

Ehrlicher und freier werden

Der Umgang mit Enttäuschungen wird schon gleich leichter, wenn man sich des Wortes eigentlicher Bedeutung bewusst wird. Die Ent-Täuschung beendet eine Täuschung, und von daher könnte man ihr auch dankbar sein.

Aus der Sicht östlicher Religionen geht es im Leben hauptsächlich darum, Maya, die Welt der Täuschungen, zu durchschauen, die der Polarität gehorcht und von Raum und Zeit bestimmt wird. Jede Enttäuschung macht so ein Stück freier und unabhängiger von diesen beiden großen Täuschern, die uns binden. Die alten Ägypter sprachen diesbezüglich vom Schleier der Isis, den es zu lüften galt, um die Täuschungen endgültig zu durchschauen.

Das Schlimmste aus Sicht östlicher Menschen ist demnach, auf dem Totenbett zu enden, ohne eine einzige Enttäuschung erlebt zu haben und so vollkommen in der Täuschung gefangen zu bleiben.

Insofern könnten wir jede Enttäuschung daraufhin prüfen, welche Täuschung, welchen Irrtum, sie beendet und

in welcher Hinsicht sie uns ehrlicher und freier macht. Deshalb ist es gut, zuerst einmal die bisher schon erlebten Enttäuschungen in einer ruhigen Stunde Revue passieren zu lassen.

Das allerdings wird wiederum dazu führen, dass Enttäuschungen insgesamt seltener werden. Er wird sich weniger täuschen, weil er die Welt der Täuschungen besser durchschaut und die wirkende Wirklichkeit klarer erkennen kann. Wer immer wacher gegenüber den beiden Täuschern, Raum und Zeit, wird, lässt sich weniger von ihnen hinters Licht führen und wird so freier und offener für die eigentliche transzendente Wirklichkeit, die jenseitige Welt.

Die zentrale Entscheidung darüber, ob Enttäuschungen in die eine oder andere Richtung führen, kann schon recht früh im Leben fallen und dieses bis auf den Grund beeinflussen. Sie haben es nun jedoch in der Hand, mit der beschriebenen Methode Ihr Leben und die Wirklichkeit klarer zu sehen. Die Übung mag sehr unspektakulär wirken, doch werden Sie spüren, wie angenehm es sich anfühlt, immer offener zu werden für das Leben, wie immer es sich zeigt.

Selbstbefreiung

- Legen Sie sich auf den Rücken, oder setzen Sie sich im Diamant- oder halben Lotussitz auf ein Meditationskissen. Achten Sie darauf, dass Ihr Rücken im Sitzen gerade ist und die feinen Energien frei zirkulieren können. Dazu ist es hilfreich, die Zunge sanft an den Gaumen zu legen.
- Schließen Sie die Augen, und bewegen Sie sie sanft von links nach rechts.
- Während dieses Augenwanderns lassen Sie zugleich die Situation in sich aufsteigen, die Sie enttäuscht hat.
- Lassen Sie alles so da sein, wie es ist. Auch den Schmerz und die Enge, die Verspannung, die Sie jetzt vielleicht in Ihrem Körper wahrnehmen.
- Atmen Sie bewusst an diese Stellen, und/oder schicken Ihr Lächeln dorthin.
- Wie fühlt es sich körperlich an? Welche Gedanken tauchen auf? Welche Gefühle?
- Welche Lehren halten die Enttäuschungen für Ihr Leben bereit?
- Machen Sie sich bewusst, wie das Augenwandern die Spannung aus der Enttäuschungssituation nimmt.
- Formen Sie nun mithilfe Ihres Einatems einen Energieball aus all dem, was noch übrig ist von der Enttäuschungsenergie, und lassen Sie ihn bewusst mit dem

Ausatmen los – so lange, bis Sie keinen Schmerz mehr an dieser Stelle spüren.

- Machen Sie diese Übung immer wieder, bis Sie das Gefühl haben, dass Sie innerlich befreit sind von den Täuschungen, die Sie schon viel zu lange in sich tragen.
- Sie können so zwar nicht verhindern, dass das Leben manchmal schwierig ist, doch Sie können durch Ihr verändertes Bewusstsein immer offener werden, sodass die Energie freier fließen kann und Sie Hindernisse und Enttäuschungen als willkommene Schritte der eigenen Entwicklung begrüßen.
- Wenn Sie sich neuen Enttäuschungen gegenüber öffnen, werden diese ihre Härte und Macht über Sie verlieren und zu lehrreichen und notwendigen Erfahrungen auf dem (Lebens-)Weg werden.
- Wer auf dieser Basis erkennt, wie viele Täuschungen er durchlebt und verarbeitet hat und wie klar sein Blick dadurch für die herrschende Wirklichkeit geworden ist, wird ganz anders im Leben stehen. Er wird insgesamt offener werden, nicht nur zukünftigen Enttäuschungen gegenüber.

Fehler machen

Die Lebensaufgabe erkennen

Fehler haben bei uns einen ausgesprochen schlechten Leumund und sollen um fast jeden Preis vermieden werden, darin sind sie Enttäuschungen sehr ähnlich. Dabei könnte uns jede beliebige Schule zeigen, wie wichtig Fehler sind, um an ihnen zu lernen und zu wachsen. Das ist in der Schule des Lebens natürlich ganz genauso. Nur wer es wagt, auch Fehler zu machen, wird vorwärtskommen und lernen. Ein weiser Firmenchef brachte das auf den Punkt, als er sagte, er wolle nur Mitarbeiter, die Fehler machten, aber nie zweimal denselben. Ein mutiges Leben muss auch zu Fehlern führen, und wer rasch daraus lernt, wird nie nochmals denselben machen, sondern vorankommen.

Fehler helfen, Fehlendes zu integrieren. Das macht sie zu einer Art Dünger des Lebens. Wer die Fehler seines Lebens rückwirkend durchgeht, wird regelmäßig finden, dass sie die Chance enthielten, sich neu zu orientieren, einen besseren Standpunkt zu suchen oder sogar wieder in Fluss zu kommen. Je mehr erstmalige Fehler hinter jemandem liegen, desto mehr Stoff könnte er integriert haben und desto eindrucksvoller gewachsen sein. Insofern wäre es naheliegend, sich eine Arbeit oder Beschäftigung zu wählen, bei der man noch Fehler machen kann, denn nur dann ist rasches Wachstum möglich. Nur wer sich fordern und vom Leben herausfordern lässt, kann gefördert werden.

Auch die spirituelle Philosophie betont die Wichtigkeit der eigenen Fehler, sagt sie doch, es sei besser, eigene Fehler zu machen, als fremde Tugend zu leben.

Die daraus folgende praktische Übung ist einfach.

Aus Fehlern lernen

- Legen Sie sich auf den Rücken, oder setzen Sie sich im Meditationssitz auf ein Kissen und achten darauf, dass Ihr Rücken gerade ist und die Energien frei zirkulieren können.
- Schließen Sie die Augen und lassen von innen heraus Ihr Lächeln entstehen. Erlauben Sie auch den Augäpfeln, wieder hinter Ihren geschlossenen Lidern zu wandern, damit Sie die aufsteigenden Fehler auch gleich verarbeiten und sich verzeihen können.
- Verbinden Sie wiederum das Lächeln Ihrer Augen mit dem Lächeln Ihres Herzens und genießen diese Verbundenheit.

- Spüren Sie in Ihren Körper und nehmen ihn wahr, wie er sich gerade fühlt.
- Gehen Sie nun in Gedanken zurück zu den Fehlern Ihres Lebens, und lassen Sie sie der Reihe nach aufscheinen, so wie der jeweils erste aufsteigende Gedanke sie Ihnen präsentiert.
- Schauen Sie sich an, ob und was Sie jeweils daraus gelernt haben. Wenn Sie einen finden, an dem Sie nichts gelernt haben, gehen Sie weiter und durchschauen, wie häufig er in der einen oder anderen Gestalt später weiter aufgetreten ist, bis Sie das Thema gelernt haben.
- Wenn Sie aus einem Fehler bis heute nichts gelernt haben, knöpfen Sie ihn sich jetzt vor, bis Ihnen klar wird, was dieser Fehler zeigt. Es muss etwas sein, das Ihnen fehlt.
- Nehmen Sie zum Schluss diese ganze Fehlersammlung zusammen, und erkennen Sie die allen Episoden gemeinsame Lernaufgabe.
- Nach solchermaßen vollbrachtem Werk machen Sie sich bewusst, dass Sie jederzeit zurückkehren können auf diese Ebene, um weiterzumachen und weiterzukommen. Und mit jedem neuerlichen Eintauchen in die innere Seelenbilderwelt werden Sie noch leichter noch tiefer gelangen.

Blamagen und Gesichtsverluste

Chancen zu mehr Ehrlichkeit

Eine Blamage kann einem nur widerfahren, wenn man ein falsches Bild von sich hatte und dieses auch noch im Außen verankern wollte. Insofern macht jede Blamage ehrlich. Sie bringt etwas hervor, was man nicht zeigen wollte. Wenn es aber durchbricht, wird es zur Chance, sich positiv dazu zu stellen und zu lernen, wer man wirklich ist und was man ehrlicherweise darstellt. Jeder Irrtum ist eine Art Fehler und zeigt zu integrierenden Lernstoff auf.

Ähnlich ist es beim Gesichtsverlust. Man kann natürlich nur ein aufgesetztes oder geliehenes Gesicht verlieren, niemals das eigene. Um die aufgesetzten Gesichter ist es jedoch gar nicht schade. Wenn die Fassade nicht mit der dahinter liegenden Bausubstanz übereinstimmt, ist das eine Art Etikettenschwindel. Wenn solch eine Fassade zusammenbricht, ergibt sich daraus die Chance, eine neue, stimmigere aufzubauen, am besten man zeigt gleich, wie man ist. Blamagen vermitteln auch die Erfahrung, dass man für Fähigkeiten bewundert, aber für Schwächen geliebt wird.

Blamagen und Gesichtsverluste können trotzdem dem Ego enorm wehtun und tiefe Spuren und Verletzungen hinterlassen. So wäre es naheliegend, sich mit der Situation gleich noch einmal zu konfrontieren und zwar in Entspannung und unter Zuhilfenahme des Augenwanderns. Dazu gibt es eine sehr bewährte Methode im Stehen, sozusagen das Ganze noch mal durchzustehen.

Durchstehübung

- Stellen Sie sich aufrecht hin, die Füße schulterbreit auseinander, die Knie leicht gebeugt – ähnlich wie man sich zu einer Tai-Chi-Übung stellen würde.
- Atmen Sie ruhig und gelassen und spüren das damit einhergehende Heben und Senken der Brust.
- Mit dem Ausatem lassen Sie Ihre Schultern los und pendeln Ihr Gewicht sanft zwischen den beiden Säulen der Beine aus.
- Der Kopf bleibt gerade in der Mitte, als würde ein unsichtbarer Faden ihn am Scheitel nach oben ziehen. Jedenfalls lässt man ihn weder (nach vorn) hängen, was zu Hartnäckigkeit führen würde, noch nach hinten fallen, was hochnäsig erschiene.
- Bewahren Sie diese gerade aufrechte Haltung, während Sie die Augen langsam zugehen lassen und eine kleine Gleichgewichtsprobe erleben. Nach ein paar Minuten – vor allem, wenn Sie sich vorstellen, Ihren Schwerpunkt nach unten ins Becken oder sogar in die Füße zu verlegen – wird sich ein guter Stand im Gleichgewicht finden lassen.
- Dann wäre es gut, Ihr inneres Lächeln zu aktivieren und von den Augen langsam die Brücke zum Herzen zu schlagen, bis die Herz-Kohärenz ein angenehm warmes weites und offenes Gefühl in der Brustmitte vermit-

telt. Schicken Sie nun das innere Lächeln auch noch hinunter ins Becken, sodass sich ein lächelnder sicherer Stand mit geschlossenen Augen ergibt.

- Bewegen Sie nun wieder die Augen sanft von rechts nach links, um den mit dem Gesichtsverlust verbundenen Stress gleich zu verarbeiten.
- Gehen Sie in Gedanken zum Anfang der Situation, die zur Blamage oder zum Gesichtsverlust führte. Während die Augäpfel stetig hin und her wandern, steigt der erste Gedanke auf, und die folgenden führen durch die ganze Situation bis zu deren Ende.
- Wenn Sie mit der Situation fertig sind, lassen Sie die Augäpfel allmählich zur Ruhe kommen und pendeln sich mit geschlossenen Augen in ihrer Mitte ein. Machen Sie daraus eine bewusste Übung, um Ihre Mitte nicht nur körperlich, sondern auch in übertragener Hinsicht zu finden.
- Klopfen Sie anschließend mit beiden locker geschlossenen Fäusten auf das Brustbein – eine Geste, wie man sie von Gorillas kennt, wenn sie sich Mut machen wollen. Genau das machen Sie jetzt und holen sich damit wieder neue Kraft und Energie aus eigenen Quellen. Unter dem Brustbein liegt die Thymusdrüse, die so große Bedeutung für unser Immunsystem hat. Ob der stärkende Effekt des Klopfens damit zu tun hat, ist un-

sicher, aber möglich und ändert nichts am Erfolg dieser kleinen Übung.

- Wer sie öfter wiederholt, bekommt zugleich zur Verarbeitung alter Probleme eine schöne und sichere Möglichkeit, seinen Platz im Leben zu finden und durchzustehen, was er sich vorgenommen hat.

Sinnlosigkeit, Leere, Burn-out

Die Lebensträume wiederentdecken

Nur wer innehält, kann Inhalte finden, die innen Halt geben. Nur wer inneren Halt hat, kann Sinn finden und so seinem Leben Sinn geben. Wem Sinn fehlt, der wird der Sinnlosigkeit verfallen, er wird keine Ziele formulieren können, die durchs Leben tragen.

Das wird sowieso immer schwerer, weil sich das Lebenstempo der modernen Gesellschaft ständig erhöht. Mehr denn je gilt Mark Twains Satz aus Tom Sawyer und Huckleberry Finns Abenteuern: »Kaum hatten wir das Ziel aus den Augen verloren, verdoppelten wir die Geschwindigkeit.« Wo die Zeiträume des Innehaltens und Regenerierens immer sorgfältiger wegrationalisiert werden, wo Effektivitätssteigerung erste Priorität hat, wird viel riskiert und bleibt einiges auf der Strecke, u. a. die Gesundheit.

Der moderne Turbokapitalismus produziert auf der einen Seite bei seinen Leistungsträgern, bei denen die Schrauben immer schärfer angezogen werden, Burn-out-Syndrome, sobald sie nämlich kein Licht mehr am Ende des Tunnels der Überforderung sehen. Burn-out aber ist die Vorstufe zur Depression.

Auf der anderen Seite entlässt er zunehmend Menschen in Billiglohn-Jobs oder gar Arbeitslosigkeit, beides Möglichkeiten, die Seele so zu beleidigen und zu deprimieren, dass sie nur zu leicht in Depressionen abrutscht, denn beide Varianten suggerieren, dass man kaum etwas wert ist und nicht gebraucht wird beziehungsweise zu nichts nutze ist.

Wichtige Lebensfragen

1. Leben Sie mit dem Menschen, den Sie lieben?
2. Lieben Sie den Beruf, den Sie ausüben?
3. Lieben Sie den Ort, an dem Sie leben?
4. Könnten Sie morgen gehen, ohne viel versäumt zu haben?

Ein einfacher Test aus dem Buch »Depressionen – Wege aus der dunklen Nacht der Seele«[1] kann einem zeigen, wie weit man auf dieser breiten Straße in den Abgrund schon vorangeschritten ist. Wenn Sie alle vier Fragen mit einem

1 Siehe dazu auch Ruediger Dahlke: Buch und CD »Depressionen – Wege aus der dunklen Nacht der Seele«, München 2006

spontanen »Ja!« beantworten können, brauchen Sie sich keine Gedanken zu machen, wenn Sie aber mit verschiedenen »Jeins« oder gar »Neins« aufwarten, wäre zu fragen, worauf Sie warten wollen. Dann wäre es jedenfalls gut, sich mit der nächsten Übung zu beschäftigen.

Übung für die Jein- und Neinsager

- Gehen Sie auf bewährtem Weg in die Tiefenentspannung und holen Ihr inneres Lächeln hervor – lassen Sie es aus der Tiefe der Augenhöhlen aufsteigen und über Ihr Gesicht fluten – anschließend lassen Sie es sich wieder unter die Haut und bis auf die Knochen gehen – und verbinden es dann auch wieder mit dem Lächeln Ihres Herzens.
- Vielleicht finden Sie sogar jemanden, der so lieb ist, Ihnen die Fragen vorzulesen ...
- Horchen Sie in sich hinein, und fragen Sie sich, wann Sie sich das letzte Mal bewusst Ruhe und eine Zeit des Innehaltens gegönnt haben und ob Sie sich jetzt so eine kleine Zeit schenken wollen?
- Wenn ja, nehmen Sie sich vor, sich in dieser Zeit der Ruhe einige wesentliche, nämlich Ihr Wesen berührende Fragen zu stellen und dazwischen immer wieder zum Lächeln Ihrer Augen und der lächelnden Brücke zum Herzen zurückzukehren.

- Erinnern Sie sich, was Ihre ursprünglichen kindlichen Wünsche ans Leben waren?
- Wenn Ihnen spontan keine einfallen, lassen Sie Ihr Lieblingsmärchen, Ihre liebste Sage oder den entsprechenden Mythos aufsteigen, und fragen Sie sich, was diese jeweilige Geschichte für Sie so kostbar machte und was sie mit Ihren frühen Träumen zu tun hat.
- Was waren Ihre Träume in der Jugendzeit im Hinblick auf Partnerschaft, Beruf und Leben?
- Welche Ziele hatten Sie später nach der Adoleszenz im Hinblick auf Beruf und Partnerschaft, und was konnten Sie davon verwirklichen?
- Was ist aus alldem und aus Ihnen geworden?
- Was sind Ihre heutigen Ziele? Was Ihr Lebensinhalt?
- Reichen Ziele und Inhalt über Familie und Beruf hinaus, oder droht Ihnen Gefahr, im Leeren-Nest-Syndrom oder Pensionsschock zu enden?
- Was wird passieren, wenn Sie einfach so weitermachen wie bisher – auf dem Weg, auf dem Sie jetzt sind? Und ist das überhaupt ein Weg oder eher ein Trip?
- Was riskieren Sie, wenn Sie die alten Träume wiederbeleben?
- Kehren Sie auf den schon bewährten Wegen zurück aus dieser Meditation zu den Fragen des Lebens.

Natürlich gibt es auch ganz konkrete praktische Konsequenzen aus solchen Frage-Spielen. Man könnte beschließen, kürzerzutreten oder neudeutsch ein sogenanntes »Downshifting« ins Auge zu fassen. Das will nichts anderes heißen, als bewusst auf der Karriere-Leiter ein paar Stufen zurückzutreten, um wieder in ruhigere Gefilde zu kommen.

Eine ausführliche Bearbeitung dieses Themas mit vielen verschiedenen Auswegen bietet das Buch »Depressionen – Wege aus der dunklen Nacht der Seele« zusammen mit der gleichnamigen CD. Beide bieten die Chance, auf fundierter Ebene eigene Inhalte zu finden und Ziele neu zu definieren.

Bore-out

Dieser Gegenpol zum Burn-out ist mehr als ein guter Gag. Tatsächlich kann man sich auch zu Tode langweilen und dabei alle Lebenslust verlieren.

Nicht nur die Überforderung, die zum Ausgebranntsein führt, sondern auch die Unterforderung ist für die Seele unzumutbar. Hier gilt das Diagramm des Anfangs: gut leben lässt sich nur im Flowbereich, wo sich Forderungen und Fähigkeiten entsprechen und einen fördern (siehe Seite 13).

Wer sich unterfordert fühlt, wäre gut beraten, sich wachrütteln zu lassen vom Leben, sich vielleicht auch selbst wach zu klopfen (siehe Seite 126 ff.) und die lauwarme Mittelebene zu verlassen. Christus rät entsprechend: »Seid heiß oder kalt, die Lauwarmen will ich ausspeien!« Das heißt also, ein mutigeres Leben zu führen, die heißen Eisen in Angriff nehmen, etwas wagen und Neues riskieren, den Herausforderungen die Stirn bieten, den eigenen Weg in Angriff nehmen!

Umkehrfragen

- Begeben Sie sich auf einem der oben angegebenen Wege in Entspannung.
- Stellen Sie sich im gelassenen Zustand folgende Fragen:
- Was wird, wenn mein Leben einfach so weiterläuft, wenn sich gar nichts ändert und alles den vorgezeichneten Bahnen folgt?
- Nehmen Sie die jeweils aufsteigenden ersten Gedanken wahr und wichtig.
- Was werden die Menschen an meinem Grab über mich reden? Wieder gibt der jeweils erste Gedanke Ihnen Antwort.
- Was werde ich im Rückblick fühlen, wenn das alles noch soundso viele Jahrzehnte so weitergeht? Und wieder die ersten aufsteigenden Gedanken wahr- und wichtig nehmen!

- Was könnte ich tun, um wieder Inhalt, Sinn und Spannung in mein Leben zu bringen? Wie immer wird der erste Gedanke die Antwort wissen.

Eine gewisse Steigerung mag noch die Grabrede bringen, die Sie sich selbst schreiben. Was war wesentlich an Ihnen, Ihrem Leben, welche Ziele haben Sie erreicht, was von sich wollen Sie der Nachwelt hinterlassen?

Stressüberflutung und Nervenzusammenbruch

Innere Ruhe finden

Hier handelt es sich um klassische Überforderungssituationen, die wie oben beschrieben zum Burn-out-Syndrom oder auch zum Nervenzusammenbruch führen können. Beides geht letztlich auf zu viel unverarbeitbaren Stress zurück, wobei chronische Überforderung eher zum Burnout und akute extreme Überlastung zum Nervenzusammenbruch tendiert.

Die heute fast allen vertraute Computer-Analogie mag den Unterschied deutlicher machen. Ein neuer Computer arbeitet – gut eingerichtet – schnell und reibungslos. Wenn man ihn aber mit unzähligen Programmen und Anwendungen chronisch überfordert und immer mehr (Bal-) Last auf der Festplatte mitlaufen lässt, wird er langsamer, und irgendwann summieren sich aus der chronischen Überforderung erwachsende Fehler, und er ist zu keiner relevanten Leistung mehr fähig. Das entspräche der Burn-out-Situation.

Wenn man akut zu viele Programme öffnet und zu große Datenmengen bewegt im Sinne des immer populärer werdenden Multi-Tasking, ist irgendwann Schluss. Dieses Auf-vielen-Hochzeiten-Tanzen ist zwar ein Markenzeichen unserer Zeit, überfordert aber nicht nur Computer, sondern noch viel mehr unsere eigenen Nervensysteme. Ein anderer auch immer populärer werdender Ausdruck lautet: Das Netz ist überfordert. Der PC wird irgendwann und je nach Kapazität so überfordert sein, dass er akut abstürzt. Dann geht gar nichts mehr, und man muss ganz von vorn anfangen, ihn herunterfahren beziehungsweise abschalten und dann wieder neu starten. Die Analogie zum Nervenzusammenbruch ist verblüffend.

Eine weitere vergleichbare Situation betrifft viele moderne Innenstädte, die chronisch verstopft (Burn-out) oder akut überlastet (Nervenzusammenbruch, Verkehrsinfarkt) ein gutes Abbild unseres Gehirns bieten. In der Londoner Innenstadt ist heute ein Reiter schon längst wieder schneller unterwegs als ein Autofahrer.

Ruhe geben

Das ganze System ausschalten beziehungsweise herunterfahren bedeutet für den Organismus, auf der ganzen Linie Ruhe geben und komplett abschalten. Das kann einfach schlafen bedeuten oder aber auch Tiefenentspannung, allerdings auf völlig reduziertem Konzentrationsniveau. Das heißt Körperfühlen (siehe Seite 52 f.) als Einstieg und sanfte Atembeobachtung, um den Stress und die Anzeichen der Überforderung mit dem Ausatem abfließen zu lassen.

Zen-Geschichte

Eine alte Zen-Geschichte zeigt den elegantesten und einfachsten Ausweg.

Die Anhänger fragten den Roshi: »Meister, wie setzt Ihr Erleuchtung in die Tat um? Wie praktiziert Ihr sie im Alltag?«

»Indem ich esse und schlafe«, antwortete der Roshi.

»Aber Meister, jeder isst und schläft«, entgegneten die Schüler.

Der Meister: »Aber kaum einer isst, wenn er isst, und schläft, wenn er schläft.«

Weitere Tipps

Zusätzlich kann Baldrian-Tee mit Honig helfen oder eine Flasche Bier. Zu vermeiden sind unbedingt chemische Schlafmittel und, wenn es irgend geht, auch Psychopharmaka. Natürlich können auch ruhige Spaziergänge helfen im Wechsel mit Schlafen und Tiefenentspannung (siehe Seite 57 ff.).

Trauer und Abschied

Alles darf so sein, wie es ist

Die moderne Freizeit-und-Fun-Gesellschaft liebt Musicals, Lustspiele und Komödien, hat aber gar nichts mehr für Tragödien übrig, wie sie noch in der Antike die »Spielpläne« der Theater bestimmten. Das hat dazu geführt, dass wir die Tragödien nun im Leben haben. Alles, was mit Tod, Trauer und Abschiednehmen zu tun hat, kommt nicht nur zu kurz, sondern fällt meist ganz aus. Da aber Verdrängtes nicht aus der Welt, sondern weiter drängt, hat das den Nachteil, dass wir so Missstimmungen bis hin zu Depressionen züchten.

Zum Abschiednehmen empfehlen sich natürlich auch all die traditionellen Wege der eigenen Religion. Es ist immer besser, wenn auch akut schwierig, sich den Sarg noch einmal öffnen zu lassen, wenn man sonst kein Abschiedsbild eines Toten hat. Alles, was mit Tränen herausfließen kann, ist besser versorgt, als wenn es mit Tranquilizern, Stimmungsaufhellern und anderen Psychopharmaka unterdrückt wird.

Hier sei noch eine ebenso einfache wie wundervolle Instant-Methode empfohlen, die uns bei vielen Problemen weiterhelfen kann. Statt allmählich immer »behämmerter« zu werden, können wir uns nämlich ganz sanft wach und gesund klopfen und unseren Energie-Körper für Wichtiges öffnen.

Ein Mensch hat neben seinem physischen noch verschiedene andere Körper, vor allem auch einen Energie-Körper, den alte Medizin-Traditionen wie die indisch-ayurvedische, die chinesische und die tibetische schon vor Jahrtausenden entdeckt und immer auch behandelt haben. Die Inder nannten die Leitungsbahnen der Energie Nadis und ihre Sammelstellen Chakren, die Chinesen sprachen von Meridianen oder Gefäßen wie etwa vom Lenkergefäß. Ein deutscher Arzt namens Weihe hatte diese Energiewege ebenfalls entdeckt, aber damals interessierte sich bei uns noch niemand für feinstoffliche Energien. Heute können auch wir sie – sogar mit wissenschaftlichen Methoden – messen. So ist es abzusehen, dass sie, vielleicht in der nächsten Generation, auch von Schulmedizinern akzeptiert werden.

Klopfen

Diese einfache Methode zielt direkt auf den Energie-Körper und verankert gleichsam in ihm Informationen und Botschaften, die wir sonst nur schwer an uns heran- und zu uns hereinlassen. Was man sich eingeklopft beziehungsweise eingehämmert hat, geht sozusagen direkt in Fleisch und Blut über, was die Methode natürlich auch verlockend für alle Positiv-Denker und Affirmationsakrobaten macht.

Gefahren von Affirmationen und Positivem Denken

Jedes wirksame Verfahren lässt sich natürlich missbrauchen. So sei an dieser Stelle davor gewarnt, Probleme mit positiven Sprüchen zu überkleben und wegzudrängen. Das führt zwar zu raschen Anfangserfolgen, aber langfristig zu Problemen und nicht selten zu schweren. Symptome und Probleme sind Herausforderungen und Aufgaben, die gelöst und nicht niedermeditiert werden wollen. Auch wenn das kurzfristige Ergebnis verlockend sein mag, kann ich nicht genug davor warnen. Die Analogie mag das deutlicher machen. Wer unangenehmen Hautausschlag hat, wird diesen am schnellsten los, wenn er Kortisonsalbe darauf schmiert. Dadurch aber drängt er das Problem nur von der Oberfläche in die Tiefe und erntet u. U. ein Lungenproblem, das noch schwerer zu behandeln ist. Der allopathische Weg drückt die Symptome von der Oberfläche nach innen, der homöopathische holt sie aus der Tiefe hervor an die Oberfläche.

Wer nun mit Affirmationen gegen körperliche, seelische, geistige oder soziale Probleme zu Felde zieht, mag die erste Schlacht gewinnen, aber außer solchen Pyrrhussiegen wird er nichts Gutes ernten. Zu »guter« Letzt wird ihn das verdrängte Problem einholen, allerdings dann meist gewaltig gewachsen, sodass es nicht mehr überseh- oder wegschiebbar ist. Dieser Weg kann bis in die Paranoia führen.

Klopf-Technik

Man braucht zu erfolgreichem Klopfen gar kein Wissen über Akupunktur-Punkte. Obwohl also die ganz genaue Lokalisation der Punkte gar nicht so wichtig ist und viele es auch im Geiste, also ohne konkretes Klopfen machen, kann man die genauen Beschreibungen bei den Klopfpäpsten[1] (R. Callahan, R. Franke, R. Martina) nachlesen. Die simple Einstiegsübung haben wir schon kurz gemacht.

I. Brustbein

Wie ein Gorilla oder kleiner Bub mit stolzgeschwellter Brust klopft man sich – im Walzertakt 1-2-3 – 1-2-3 – mit den vier Fingern der locker geballten Faust auf die Brust

1 Callahan, Roger J.: Den Spuk beenden, Kirchzarten 2001, Franke, Rainer und Regina: »Sorgenfrei in Minuten«, München 2005. Martina, Roy: »Emotionale Balance«, Burgrain, 2002. Angemerkt sei zu diesen Büchern, dass deren Inhalte bezüglich Affirmationen und Positivem Denken damit keineswegs mit empfohlen seien.

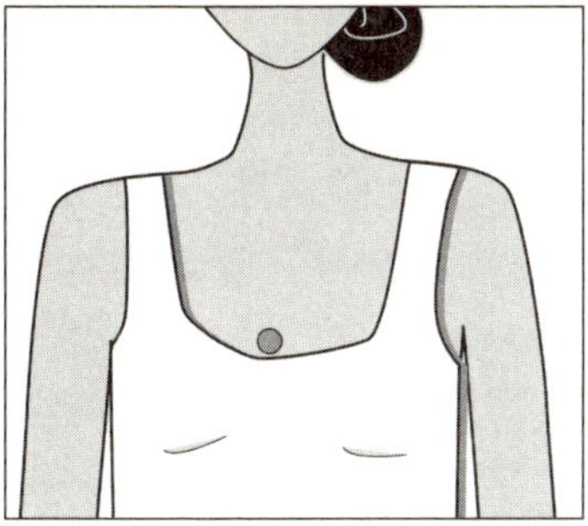

(beziehungsweise aufs Brustbein) und sagt sich innerlich einige Male: »Ich bin ganz in Ordnung, auch wenn ich jetzt allen Grund habe, traurig zu sein.« Zuerst kann man nur den Walzertakt klopfen, später integrieren sich die Worte zwanglos in diesen Rhythmus. Oder man nimmt den Satz: »Ich liebe mich, so wie ich bin, auch wenn ich jetzt so traurig bin!« Diese Übung empfiehlt sich nicht nur bei Trauer und Abschied, sondern auch in vielen anderen Situationen des täglichen Lebens. Das Muster kann dabei gleich bleiben: Ich bin ganz in Ordnung und liebe mich so, wie ich bin, auch wenn ich jetzt gerade so wütend, so ungeduldig, so genervt, so beleidigt usw. bin.

II. »Herzklopfen«

Wir massieren uns die Trauer (oder das jeweilige Anliegen) in einen Punkt über unserem Herzen, der sich zwischen der zweiten und der dritten Rippe – vom Schlüsselbein aus gerechnet – finden lässt und oft schon etwas empfindlich auf Berührung reagiert. Mit der Kuppe des rechten Mittelfingers kreisen wir einige Male im Sonnenlauf oder Uhrzeigersinn um diesen Punkt und massieren unsere Anliegen »meine Trauer um xy« unter leichtem Druck ein.

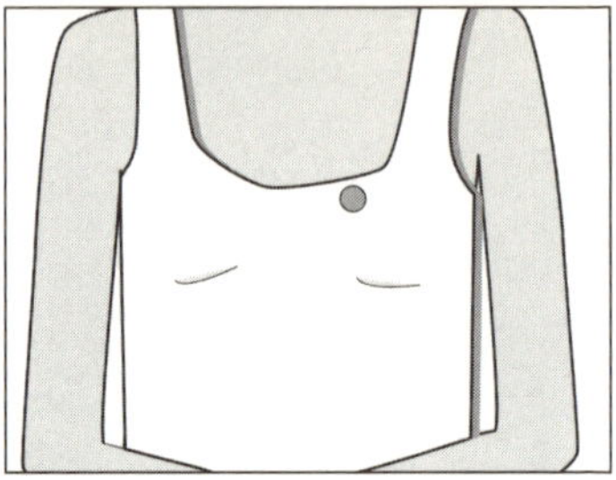

III. Gesichtsklopfen

Wichtige Meridiane laufen über unser Gesicht, und so gilt es hier, einige leicht findbare Punkte zu beklopfen, jeweils mit dem Gedanken »meine Trauer um xy«.

1. Mit beiden Mittelfingern das innere Ende der Augenbrauen beklopfen, ganz in der Nähe des dritten Auges, an der Nasenwurzel. Klopfend öffnen wir damit unseren Energiekörper für die Trauer (oder was immer wir bearbeiten und einlassen wollen), sodass sie wirklich zu uns herein kann, wir aber auch zugleich die Botschaft deponieren, dass wir ganz in Ordnung sind, wenn wir trauern.

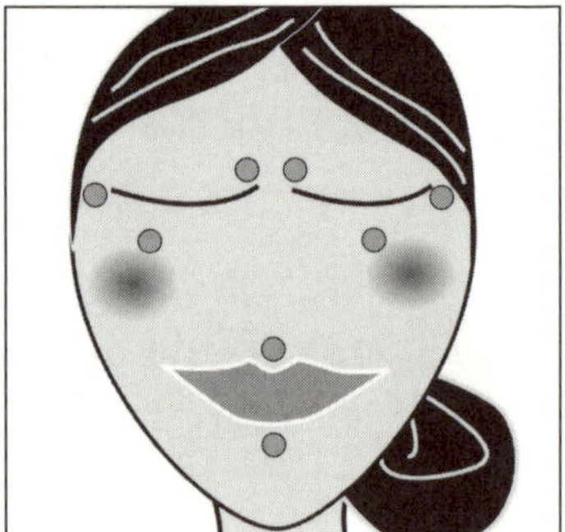

2. Als Nächstes werden – wieder mit beiden Mittelfingern – die Punkte im äußeren Augenwinkel beklopft –, begleitet von dem Gedanken »meine Trauer um xy«.
3. Nun kommen die beiden Punkte direkt unter dem Auge auf dem Jochbein dran.
4. Anschließend mit dem Mittelfinger der Lieblingshand der direkt unter der Nase in der Mitte der Oberlippe gelegene Punkt.
5. Dann der mittlere Punkt zwischen Unterlippe und Kinn.
6. Jetzt und zum Ende der ganzen Klopfrunde kommt der Scheitel dran und »meine Trauer um xy«.

IV. Wichtige Körper-Punkte

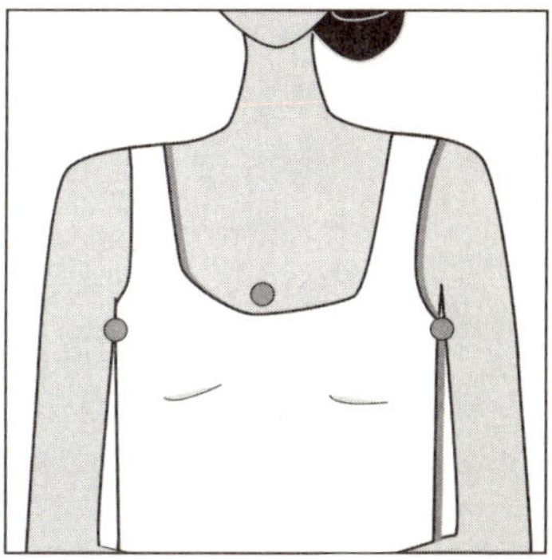

1. Mit den Fingern beider Hände locker in den Winkel zwischen Schlüssel- und Brustbein klopfen und dabei »meine Trauer um xy« denken.
2. Die gleiche Klopfart, aber unter den Achseln, dort, wo der Brustmuskel endet und schon wieder Rippen spürbar werden.

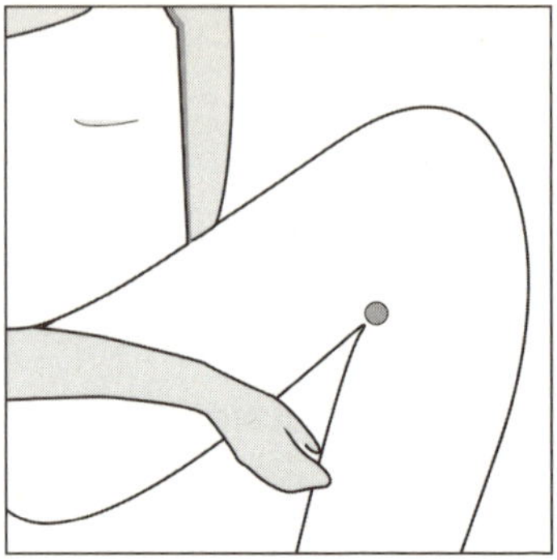

3. Jetzt und kurz vor Schluss: Die Knie anwinkeln und die zwischen Ober- und Unterschenkel entstehende Falte beklopfen.

V. Hand- und Fußpunkte

Die Meridiane beginnen oder enden an den Nagelbettpunkten unserer Finger- und Fußnägel. Daher können wir sie praktisch zugleich alle auf einmal sanft behämmern und die Trauer zu uns einladen, ihr damit signalisieren, dass sie okay ist und auch wir mit ihr in Ordnung sind.

1. Die Fingerspitzen werden aneinandergelegt und sanft gegeneinander geklopft. Wenn wir ein Meridianbild betrachten, sehen wir, dass die Punkte seitwärts liegen, also können wir auch die Fingerspitzen etwas seitwärts klopfen lassen. Wichtig ist jeweils, dass das nicht mechanisch geschieht, sondern wirklich mit dem Gedanken an die Trauer, den Abschied oder welches Thema auch immer verbunden wird. Bedenkt man, dass das Ganze auch vollkommen im Geist ausführbar ist, wird klar, dass es, bewusstlos durchgeführt, keinen Sinn ergibt.

Wer dabei anfangs noch Koordinationsprobleme hat, kann die eine, vielleicht linke Hand stillhalten und dann mit den Fingerkuppen der rechten sanft die äußeren Nagelendpunkte, dann die Fingerspitzen und schließlich die inneren Nagelendpunkte beklopfen.

2. Das Gleiche ist auch mit den Zehenendpunkten möglich, wenn es auch etwas mehr Übung und Geschick erfordert. Man legt die (am besten nackten) Fußsohlen aneinander und beginnt sanft mit dem Klopfen. Mit der Zeit wird sich dabei als Nebengeschenk eine gewisse Sensibilitätssteigerung der Füße und Zehen ergeben.

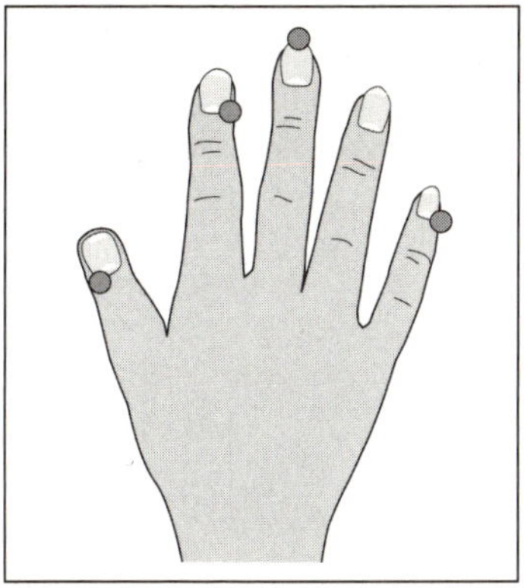

Natürlich können die Meridianendpunkte der Füße auch mit den Fingerspitzen beklopft werden.

Zauberhafte Tipps zum seelischen Gleichgewicht

Die nun folgenden Übungen eignen sich nicht nur, um mit den entsprechenden angegebenen Problemen besser fertig zu werden, sondern beinhalten ganz allgemein die Chance, sich seelisch in eine Aufwärtsspirale zu bewegen.

Stimmungsschwankungen, Launen und Missmut

Bei Stimmungsschwankungen und der Gefahr, in Stimmungslöcher zu rutschen, bieten sich Übungen zum Finden der Mitte an wie Tai Chi und Qi Gong.

Besonders Ersteres bietet schon mit seiner Eröffnungsbewegung eine im wahrsten Sinne des Wortes gute Einstellung auf den Tag. Aber auch Reiten, um bewusst in Balance zu kommen, oder Töpfern an der rotierenden Scheibe sind gute Möglichkeiten, um der eigenen Mitte näher zu kommen, wie natürlich auch eine Fülle von Meditationsübungen. Eine ideale meditative Übung wäre diesbezüglich die buddhistische Uppekha-Meditation.

Uppekha-Meditation

- Setzen Sie sich auf einen Stuhl oder auf ein Kissen in Ihrer Meditationshaltung. Achten Sie darauf, dass Ihr Rücken gerade ist, das Kinn leicht nach hinten geschoben, die Zunge am Gaumen.
- Ihre Handflächen ruhen geöffnet auf den Oberschenkeln oder liegen entspannt – wie Blütenblätter – ineinander.
- Schließen Sie nun die Augen.
- Einatmend wissen Sie, dass Sie einatmen.
- Ausatmend wissen Sie, dass Sie ausatmen.
- Seien Sie sich einfach Ihres Atems bewusst.
- Achten Sie darauf, welche Emotionen und Gefühle aus dem eigenen Innern aufsteigen ohne irgendeine Außenaktivität oder Anregung.
- Dieses kleine Exerzitium hat den Vorteil, dass man auch danach während des Tages nicht ständig eigene innere Regungen auf die Außenwelt projiziert.
- Beenden Sie die Meditation, indem Sie sich wieder ganz bewusst mit Ihrem Atem verbinden und in Raum und Zeit einordnen.

Bewegung im Sauerstoffgleichgewicht

Äußere Bewegung ist – entsprechend bewusst ausgeübt – ein guter Motor, um auch innerlich in Gang zu kommen. Selbst bei Depressionen empfehlen Schulmediziner im Sinn der kognitiven Verhaltenstherapie Bewegungsprogramme, sobald sich im Bewusstsein die ewig gleichen Denkschleifen abzeichnen. Wer in solchen Situationen noch die Kraft hat, die Laufschuhe zu schnüren und sich auf (den Weg) zu machen, hat auch gute Chancen, einem neuerlichen Depressionsschub davonzulaufen. Oder man denke an den Patienten, der seinem Krebs davongelaufen ist.

Wichtig wäre diesbezüglich der Begriff der »Säulen der Gesundheit«, der auf den Ahnherrn der modernen Medizin, Hippokrates, zurückgeht und auch schon eine Bewegungssäule kennt. Ideal wäre unter allen möglichen Aspekten regelmäßige Bewegung im sogenannten Sauerstoffgleichgewicht. Infrage kommen dazu Ausdauersportarten wie Laufen, Nordic Walking, Schwimmen, Rudern, Bergwandern, Fahrradfahren oder auch Tanzen, weil dadurch nachweislich Ausgeglichenheit und innere Ruhe zunehmen, während man doch in Bewegung ist.

Für ein entspanntes Sein wären danach Dehnungsübungen[1] an der Reihe, die einen entspannten Stand und har-

1 Entsprechende Übungen in Ruediger Dahlke: »Das Gesundheitsprogramm«, München 2004

monischen Gang wie auch eine gelassene Haltung gegenüber dem Leben ermöglichen. Die Begrüßungsfloskel »Wie steht's, wie geht's« hat hier ihren Ursprung. Wie jemand im Leben steht und darin vorankommt, hat – körperlich gesehen – mit dem Dehnungszustand seiner Muskulatur zu tun. Auf dem Gegenpol steht regelmäßige Kräftigung an, vor allem der Bauchmuskulatur, um der Welt eine feste Vorderfront und die Stirn bieten zu können und ihr gewachsen zu sein.

Dehnung der unteren Extremitäten

Die einfachste Dehnungsübung für die häufig überstrapazierten Waden besteht darin, sich barfuß und mit gerade nach vorn gerichteten Füßen hinzuhocken. Wenn das nicht geht, empfiehlt sich folgendes Übungsprogramm:

- Man setzt sich mit ausgestreckten Beinen auf den Boden, lässt den Oberkörper nach vorn fallen und fasst sich sanft dehnend an die Fußspitzen. Das Ganze sollte wenigstens zwanzig Sekunden dauern – am besten in einer nicht so geläufigen Fremdsprache bis zwanzig zählen und das Ziehen in den Muskeln mit einem inneren Lächeln begleiten. So können von den Waden über die Oberschenkelrückseiten auch noch die langen Rückenstreckmuskeln gedehnt werden bis hinauf zu denen des

Nackens. Allmählich wird man sich so die Fähigkeit des Hockens zurückerobern.

- Als Nächstes macht man auf einem Bein kniend einen Ausfallschritt mit dem anderen und hängt sich zwanzig Sekunden in die in der Leiste entstehende Dehnung. Das dehnt mit dem Hüftbeugemuskel einen der anfälligsten Muskeln. Die Übung kann Rückenschmerzen vorbeugen.
- Schließlich wäre noch eine Balance-Übung im Stehen angezeigt, bei der man, auf einem Fuß stehend den anderen nach hinten klappt, mit der Hand der Gegenseite den Fuß fasst und sich die Ferse zum Gesäß zieht. Dadurch wird die Oberschenkelvorderseite gedehnt, sofern man den Hüftknick ausgleicht und das Becken vorn lässt.

Bewusstseins-Gymnastik

Das I-Tüpfelchen auf der Bewegungssäule bietet die sogenannte Bewusstseins-Gymnastik, bei der Koordinationsübungen für mehr Beweglichkeit, Flexibilität und sogar steigende Intelligenz sorgen. Hier eine einführende Übung dazu.

Liegende Acht malen

Malen Sie mit der einen Hand eine stehende und mit der anderen Hand gleichzeitig eine liegende Acht in die Luft.

Anfangs klappt das gar nicht, aber während man sich solche Übungen beibringt, wächst neben der Koordinationsfähigkeit tatsächlich auch die Intelligenz.

Verschiedene Symbole

Malen Sie mit der einen Hand einen Kreis und mit der anderen ein Viereck in die Luft usw. Ihrer Kreativität, was die verschiedenen Symbole angeht, sind hier kaum Grenzen gesetzt.

Barfußgehen als Massage der Fußreflexzonen

Die einfachste ausführliche Behandlung von Körper und Seele gleichermaßen lässt sich über ausgiebiges Barfußgehen im Sommer erreichen. Wer im Urlaub vier Wochen konsequent barfuß unterwegs war, hat u. U. viel mehr für seine Gesundheit getan als mit einer aufwendigen Kur. Die Reflexzonen der Füße sind dabei nicht zu schonen, sondern ruhig auch auf verschiedenen und mit der Zeit auch herausfordernden Untergründen zu massieren.

1 Stirn, Gehirn, Kopf
2 Nase
3 Rachen
4 Hals
5 Nacken
6 Lunge
7 Herz
8 Leber
9 Magen
10 Bauchspeicheldrüse
11 Dünndarm
12 Harnleiter
13 Blase
14 Geschlechtsorgane
15 bei Ischias

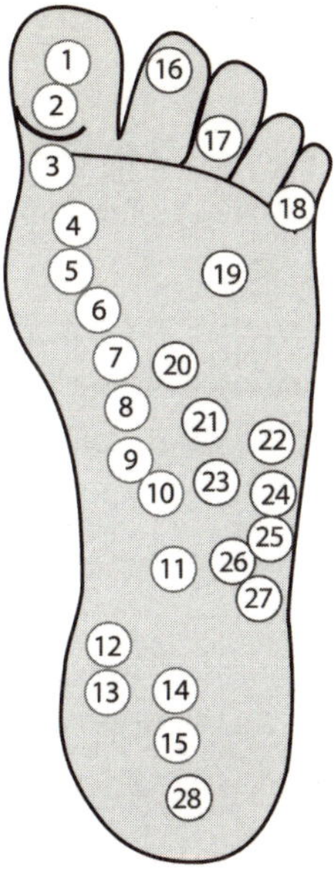

16 linkes Auge
17 linkes Ohr
18 linke Nebenhöhle
19 linke Schulter
20 Nebenniere
21 Niere
22 linker Arm
23 Milz
24 linker Ellbogen
25 linkes Knie
26 Dickdarm
27 Hüfte
28 Becken

Die ganze Fülle der seelischen Symptome

Natürlich war es nicht annähernd möglich, auch nur alle seelischen, geschweige denn die körperlichen Beschwerden und Symptome aufzunehmen, die uns das Leben schwer machen können. Deshalb sei an dieser Stelle das Buch »Krankheit als Symbol[1]« empfohlen, das auf annähernd sie-

---

1 Ruediger Dahlke: »Krankheit als Symbol« (15. völlig überarbeitete und erweiterte Auflage), sowie die CD-Programme zu den verschiedensten Symptombildern; siehe dazu www.dahlke.at

benhundert Seiten so ziemlich alle Symptome und Krankheitsbilder deutet und als alphabetisch geordnetes Nachschlagewerk die Möglichkeit schafft, mit den hier beschriebenen Methoden sich auch diesen Symptomen erfolgreich zu stellen.
Dazu gibt es inzwischen über vierzig verschiedene CD-Programme mit geführten Meditationen, die die Bewusstseinsarbeit erleichtern. Wo ein spezielles Programm fehlt, empfiehlt sich die CD »Selbstheilung[1]«, mit deren Hilfe sich alle Krankheitsbilder deuten und verstehen lassen.

Die Spielregeln des Lebens

Wenn man ein Spiel spielen will, sollte man seine Regeln kennen. Wer beim Fußball in der Halbzeit nicht die Seite wechselt, schießt in der zweiten Hälfte nur noch Eigentore. Was beim Fußball so klar ist, macht im Leben erhebliche Probleme, denn eine große Mehrheit schießt nur noch Eigentore in der zweiten Lebenshälfte, ganz ohne es zu merken. Wer die Abseitsregel nicht kennt, wird im Fußball viele Abseitstore schießen. Würde er diese Problematik schimpfend auf den Schiedsrichter oder das ganze Spiel projizieren, wäre er ungefähr auf dem Niveau der meisten

1 Ruediger Dahlke: CD, »Selbstheilung«, München 2005

Menschen, die ihre Unzufriedenheit mit dem eigenen Leben auf Partner, Chefs, Ärzte und Politiker schieben.
Das Ausmaß des Jammerns und Schimpfens ist jeweils ein gültiger Indikator für das Unverständnis der Regeln und Gesetze.
Lediglich vor der Führerscheinprüfung lernen wir noch die Verkehrsregeln, schon die Regeln des ehelichen Verkehrs lernen wir nicht mehr vor der Ehe, von den Lebensregeln zu Beginn des Lebens ganz zu schweigen. Um aber erfolgreich und glücklich im Leben zu werden, wäre deren Kenntnis zwingend.
Damit sich die Seele im Körperhaus wohl fühlen kann, müsste sie dessen Regeln und auch die für die geistig-seelische Welt kennen. Insofern gehören die Lebensregeln auch zu einer Seelenapotheke. Wenn der Notfall mit den oben angegebenen Mitteln wieder behoben ist, wäre demnach der nächste konsequente Schritt herauszufinden, mit welchen Lebensgesetzen und Urprinzipien man über Kreuz und auf Kriegsfuß geraten war. Die Darstellung der Gesetze würde den Rahmen einer Notfallapotheke sprengen. Hierzu sei auf meine übrigen Bücher bzw. Seminare verwiesen, die auf diesen Gesetzen aufbauen.

Ernährung

Ausgewogene geschmackvolle und vollwertige Nahrung kann bei vielen Problemen hilfreich und unterstützend wirken. Zuvorderst wäre an die drei zentralen Säulen der Ernährung zu denken:

Artgerechte Ernährung, wie sie eben für Menschen passt im Sinne einer kalorischen Aufteilung zwischen Kohlenhydraten, Eiweiß und Fett im Verhältnis 40:30:30.

Vollwertigkeit, da wir sonst mitten im Kalorien-Überfluss Mangel an Vitaminen und Mineralien leiden und nicht mehr wirklich satt werden.

Typgerechte Ernährung, bei der kühle Temperamente durch wärmende Nahrung ausgeglichen werden und heißen Typen das Mütchen mit kalter Nahrung gekühlt wird. Ein einfacher Test in dem Buch »Vom Essen, Trinken und Leben«[1] enthüllt einem das eigene Naturell in weniger als fünf Minuten.

---

1 Ruediger Dahlke, Dorothea Neumayr: »Vom Essen, Trinken und Leben«, Heidelberg 2007

Mittagsschlaf

Eine weitere längerfristig wichtige Stabilisierung der Psyche kann ein regelmäßiger Mittagsschlaf[1] bringen. Studien US-amerikanischer Universitäten ergaben, dass dadurch die Leistungsfähigkeit auch noch in den Nachmittag hinüberzuretten wäre und sogar der Feierabend sich wieder beleben ließe. Das darin enthaltene Wort »Feier« weist ja bereits darauf hin, dass diese Zeit heute unterbewertet wird als Zeitraum, wo das Primärelend, die Arbeit, ins Sekundärelend des Fernsehens übergeht. Noch wirkungsvoller wäre eine regelmäßige »Tiefenentspannung« nach dem Mittagessen im Sinne der zu Beginn dargestellten Methoden etwa mittels inneren Lächelns.

Das Leben änderte sich dramatisch, wenn man durch solch eine lächelnde Tiefenentspannung plötzlich jeden Nachmittag und noch ganze Abende geschenkt bekäme.

Atem-Übungen

Auch der Atem könnte uns weit über die beschriebene Übung hinaus helfen, ins seelische Gleichgewicht zu kom-

1 Siehe ausführlich in Ruediger Dahlke: »Schlaf – die bessere Hälfte des Lebens«, München 2005 und die zugehörige CD, »Erquickendes Abschalten mittags und abends«

men. Nicht zufällig heißt das griechische Wort für Atemhauch Psyche und sprechen wir von Inspiration, Einatmung also, wenn uns etwas Schönes aus der Tiefe unserer Seele berührt. Die Inder haben sogar dasselbe Wort für Atem und Seele, wie es sich im Ehrentitel Mahatma ausdrückt: Es bedeutet gleichermaßen große Seele und großer Atem. Tatsächlich kommt beides fast immer zusammen. Insofern könnten Exerzitien wie etwa die des verbundenen Atems[1] unserer Seele Flügel verleihen.

Bewusst durch den Alltag – das Leben als Ritual

Alle möglichen altbekannten und vertrauten Handlungen, alle Routine-Übungen des Alltags lassen sich enorm vertiefen, wenn wir deren seelische Komponente mit beachten. So könnte man aus jedem morgendlichen Duschen ein Ritual des Loslassens machen, ein ganz normaler Saunagang böte die Möglichkeit, bewusst auszuschwitzen, was überflüssig geworden ist und abfließen will. Manch schwierige seelische Situation ließe sich auf diesem Weg gut ausschwitzen. In dieser Hinsicht bieten sich eine Fülle von Möglichkeiten, Sinn in Gewohnheiten zu bringen und aus

1 Ruediger Dahlke: »Die wunderbare Heilkraft des Atmens«, München 2000

dem Leben ein einziges großes Ritual zu machen, das spielerischen Charakter haben dürfte und in dem sich vieles auch mit links bewältigen ließe. Und genau dann kann jenes Glück ins Leben treten, das uns schon zu Beginn dieses Buches begegnete.

Veröffentlichungen von Ruediger Dahlke

Bücher von Ruediger Dahlke

Neuerscheinungen

Das Buch der Widerstände. Arkana, 2013. • *Peace-Food – Das vegane Kochbuch.* Gräfe und Unzer, 2013. • *Mythos Erotik.* Scorpio, 2013. • *Störfelder und Kraftplätze.* Crotona, 2013.

Grundlagenwerke

Die Schicksalsgesetze. Arkana, 2009. • *Das Schatten-Prinzip.* Arkana, 2010. • *Die Lebensprinzipien* (mit M. Dahlke). Arkana, 2011. • *Die Kraft der vier Elemente* (mit B. Blum) Crotona, 2011. • *Das senkrechte Weltbild* (mit N. Klein) Ullstein, 2005.

Krankheitsdeutung und Heilung

Krankheit als Symbol. Überarb.Neuaufl. C. Bertelsmann, 2007. • *Seeleninfarkt. Zwischen Burn-out und Boreout.* Scorpio, 2012. • *Burnout? Schnelltest & Erste Hilfe.* Integral, 2012. • *Krankheit als Sprache der Seele.* Goldmann,

2008. • *Krankheit als Weg* (mit T. Dethlefsen). Goldmann, 2000. • *Frauen-Heil-Kunde* (mit M. Dahlke und V. Zahn). Goldmann, 2003. • *Aggression als Chance.* Goldmann, 2006. • *Depression.* Goldmann, 2010. • *Krankheit als Sprache der Kinderseele* (mit V. Kaesemann). Goldmann, 2010. • *Herz(ens)probleme.* Überarb. Neuausgabe Goldmann, 2011. • *Das Raucherbuch.* Goldmann, 2011. • *Verdauungsprobleme* (mit R. Hößl). Droemer Knaur, 2001.

Weitere Deutungsbücher

Die Spuren der Seele (mit R. Fasel). Gräfe und Unzer, 2010. • *Der Körper als Spiegel der Seele.* Goldmann, 2009. • *Woran krankt die Welt?* 2003. • *Die Psychologie des Geldes.* Goldmann, 2011.

Gesundheit und Ernährung

Peace Food. Gräfe und Unzer, 2011. • *Das große Buch vom Fasten.* Goldmann, 2008. • *Mein Programm für mehr Gesundheit.* Südwest, 2009. • *Von Mittagsschlaf bis Powernapping.* Nymphenburger, 2011. • *Fasten: Das 7-Tage-Programm.*Südwest, 2011. • *Das kleine Buch vom Fasten.* Südwest, 2011. • *Sinnlich fasten* (mit D. Neumayr). Nymphenburger, 2010. • *Die Notfallapotheke für die Seele.* Goldmann, 2009. • *Meine besten Gesundheitstipps.* Heyne, 2008. • *Die wunderbare Heilkraft des Atmens* (mit A. Neumann). Heyne, 2009.

Meditation und Mandalas

Mandalas der Welt. Goldmann, 2012. • *Reisen nach Innen.* Allegria, 2004. • *Meditationsführer: Wege nach innen* (mit M. Dahlke). Schirner, 2005. • *Schwebend die Leichtigkeit des Seins erleben.* Schirner, 2012. • *Arbeitsbuch zur Mandala-Therapie.* Schirner, 2010. • *Mandala-Malblock.* Neptun, 1984.

Krisenbewältigung

Lebenskrisen als Entwicklungschancen. Goldmann, 2002. • *Von der großen Verwandlung.* Crotona, 2011.

Worte der Weisheit

Weisheitsworte der Seele. Crotona, 2012. • *Worte der Heilung.* Schirner, 2010. • *Wage dein Leben jetzt!* • *Worte der Dankbarkeit und des Vertrauens.* Schirner, 2011. • *Habakuck und Hibbelig.* Allegria, 2004.

Audios von Ruediger Dahlke

Heilmeditationen bei Arkana Audio (CDs und Downloads)

Allergien • *Angstfrei leben* • *Ärger und Wut* • *Bewusst fasten* • *Das Gesetz der Polarität* • *Das Gesetz der Anziehung* • *Das Bewusstseinsfeld* • *Den Tag beginnen* • *Depression* • *Der innere Arzt* • *Die Lebensprinzipien* • *Die*

4 Elemente • Elemente-Rituale • Energie-Arbeit • Entgiften – Entschlacken – Loslassen • Frauenprobleme • Ganz entspannt • Hautprobleme • Heilungsrituale • Herzensprobleme • Kopfschmerzen • Krebs • Lebenskrisen als Entwicklungschance • Leberprobleme • Mandalas • Mein Idealgewicht • Naturmeditation • Niedriger Blutdruck • Partnerbeziehungen • Rauchen • Rückenprobleme • Schattenarbeit • Schlafprobleme • Schwangerschaft und Geburt • Selbstliebe • Selbstheilung • Sucht und Suche • Tiefenentspannung • Tinnitus und Gehörschäden • Traumreisen • Verdauungsprobleme • Visionen • Vom Stress zur Lebensfreude

CDs bei Integral: *7 Morgenmeditationen • Die Leichtigkeit des Schwebens • Die Heilkraft des Verzeihens • Erquickendes Abschalten mittags und abends • Schutzengel-Meditationen*

Hörbücher: Von der großen Verwandlung (Lagato), *Krankheit als Weg, Die Spuren der Seele – was Hand und Fuß über uns verraten • Vorträge von Ruediger Dahlke auf CD zu den Buchthemen und mehr:* www.heilkundeinstitut.at

Filme mit Ruediger Dahlke: *Unser Biogarten • Am Anfang war das Licht • Hesses erstes Paradies • Awake*

Videobooks (Lehrprogramm auf 3 DVDs) – DVD I: Geistige Gesetze -Spielregeln für ein glückliches Leben • DVD II: Krankheitsbilder • DVD III: Integrale Medizin – Therapien aus ganzheitlicher Sicht (über: www.heilkundeinstitut.at)

Bezugsquelle: Bücher, CDs, DVDs, Veganes Vitamin B12, Vitamin D, Omega-3, »Take me – Glücksnahrung«, »Take me – plus«: www.heilkundeinstitut.at

Informationen zu Seminaren, Ausbildungen, Trainings, Vorträgen
Heil-Kunde-Institut Graz, Oberberg 92, A-8151 Hitzendorf, Tel. 00 43-316-7 19 88 85, Fax – 719 88 86; Internet: www.dahlke.at; E-Mail: info@dahlke.at

Informationen zu Psychotherapien, Beratungen
Heil-Kunde-Zentrum Johanniskirchen, Schornbach 22, 84381 Johanniskirchen, Tel. 0 85 64-819, Fax 0 85 64-14 29; www.dahlke-heilkundezentrum.de; hkz-dahlke@t-online.de

Dahlke-Seminar-Zentrum
Taman Ga, Labitschberg 4, A-8462 Gamlitz,
Tel. 0 43-34 53-3 36 00; www.taman-ga.at

Informationen zur Arbeit von Ruediger Dahlke:

www.dahlke.at

Internetportal: www.mymedworld.cc,

Webshop: www.heilkundeinstitut.at

Register